AF473609

# COURTES OBSERVATIONS

SUR

# LA CONGRÉGATION,

# LES JÉSUITES,

ET LES TROIS DISCOURS DE M. LE MINISTRE
DES AFFAIRES ECCLÉSIASTIQUES

Prononcés à la Chambre des députés, les 25, 26 et 27 mai 1826.

PAR M. S******.

PARIS.

J. G. DENTU, IMPRIMEUR-LIBRAIRE,
RUE DU COLOMBIER, N° 21;
et Palais-Royal, galeries de bois, nos 265 et 266.
M D CCC XXVI.

FAUTE A CORRIGER.

*Pag.* 66, *note*. Supérieur du séminaire, *lisez* ancien supérieur.

## AVERTISSEMENT.

J'AI suivi, dans l'examen des discours de M. le ministre des affaires ecclésiastiques, le texte du *Moniteur* et de *l'Etoile.* M. le ministre les a, dit-on, fait imprimer depuis, pour être répandus dans la capitale et les provinces. Mais ces discours ont été revus et corrigés. J'ai dû m'attacher de préférence à ceux qui ont été prononcés dans la Chambre des députés. Ils sont l'expression franche de la pensée première et officielle de Son Excellence, et paraîtront sans doute plus propres à nous révéler les desseins du gouvernement, qu'un ouvrage refait après coup, et travaillé à loisir.

Je croyais, en commençant cet opuscule, lui donner beaucoup moins d'étendue; mais la matière s'est accrue sous ma plume, et mes *Courtes observations* sont devenues assez longues : heureux si le lecteur ne les trouve pas beaucoup trop longues!

# COURTES OBSERVATIONS

SUR

# LA CONGRÉGATION,

# LES JÉSUITES,

ET LES TROIS DISCOURS DE M. LE MINISTRE DES AFFAIRES ECCLÉSIASTIQUES.

---

QUAND l'Etat est souffrant, il est du devoir de tout homme de bien d'en avertir le Prince, comme il est du devoir de tout enfant bien né de recourir au médecin lorsque ses parens sont malades.

Quand l'Etat est en péril, il est du devoir de tout citoyen fidèle à son roi et à son pays de leur offrir son cœur, sa fortune, sa plume ou son bras, suivant son âge, sa condition et ses moyens. J'ai soixante-dix ans; mes bras ont peu de vigueur, ma fortune est nulle; je n'ai donc à offrir que mon cœur et ma plume. Ils seront, tant que je respirerai, consacrés à la cause que j'ai constamment servie.

Que l'Etat soit souffrant, c'est une vérité que personne ne conteste, et dont les ministres eux-mêmes ont fait le pénible aveu.

Qu'il soit en péril, le fait n'est pas démontré; car la maladie dont il est travaillé n'est pas mortelle : il ne s'agit que de changer de régime; mais le péril viendra si les mêmes docteurs continuent de le traiter.

Quel étrange changement s'est-il donc opéré parmi nous depuis moins de deux ans? A cette époque on n'était pas sans souffrances. mais l'espérance restait, et l'on se berçait dans la douce et flatteuse illusion que l'Etat n'aurait plus rien à craindre de ceux qui avaient altéré sa santé.

Remontons un peu plus haut; reportons-nous au temps où les amis du trône, fatigués de la molesse d'un ministère qui capitulait avec les factions au lieu de les combattre, résolurent de lui substituer des hommes de cœur, puissans en paroles et en actions, et doués d'une énergie qu'on avait jusqu'alors vainement désirée. A cette époque, tout parut bien.

Le choix de M. le duc de Bellune promettait au trône et à l'armée un ministre éprouvé par l'expérience, également fidèle et courageux. Il ne démentit aucune de ces espérances.

La France entière honorait les vertus de M. le vicomte de Montmorency, son caractère noble et généreux, sa douce bienfaisance, sa piété simple et modeste.

On prenait pour des preuves éclatantes de talens oratoires, de patriotisme, de connaissances administratives, la loquacité de M. de Villèle, la fréquence et la vivacité de ses agressions contre les ministres, le zèle dont il se parait pour la réforme des abus, l'ardeur de ses investigations dans les routes tortueuses et souterraines des finances; on regardait ses paroles comme l'expression franche de ses sentimens.

On s'était apprivoisé avec la rudesse un peu trop bretonne de M. de Corbière, avec la négligence de sa personne, l'imperfection de ses manières et de son langage; on se plaisait même à voir dans ces formes agrestes des gages certains de la fermeté de ses principes et de son caractère. On n'avait pas encore éprouvé son activité.

Si le porte-feuille de la marine était remis à des mains qui s'étaient oubliées jusqu'à servir, non pas Napoléon, mais Joseph Buonaparte, on se rassurait en songeant que les torts mêmes du ministre lui imposaient de plus grandes obligations; qu'il était impossible qu'il ne fît pas quelque retour sur la splendeur de son nom; que, dans l'état de délabrement où était tombée la marine, ce ministère était une espèce de *sinecure* qui ne réclamait presque aucun talent.

Enfin, si l'on ne trouvait point dans le chef suprême de la magistrature un de ces noms illustrés par de grandes vertus, de grandes lumières et de grands services, on se flattait que l'énergie de la jeunesse, l'amour de la gloire suppléeraient à ce qui lui manquait.

Tel était l'état des choses, il y a quatre ans. Le parti libéral déclamait vivement contre le nouveau ministère; mais les royalistes le soutenaient avec ardeur; et dans la Chambre des députés, l'opposition toute entière siégeait à gauche; le côté droit tout entier professait les mêmes sentimens, les mêmes doctrines.

Le premier renouvellement par cinquième fut à l'avantage des royalistes; le ministère avait, à la vérité, usé de son influence sur les élections, mais il en avait usé avec réserve et discrétion.

Bientôt il fut aisé de s'apercevoir que M. de

Villèle n'était pas satisfait de son rang, qu'il aspirait à la domination, qu'il se croyait assez fort pour régler seul les destinées de son pays. Une ordonnance du feu Roi lui conféra la présidence du conseil. On s'alarma de la voir donnée à un ministre des finances; il était facile en effet de prévoir ce qui pouvait en arriver.

La question de la guerre d'Espagne survint: les puissances du continent la voulaient, l'Angleterre s'y opposait; M. de Villèle était de l'avis des Anglais, et M. de Montmorency de l'avis de la Sainte-Alliance et des royalistes les plus éclairés : il fut renvoyé. Son nom, ses vertus, sa fidélité ne purent le sauver de la disgrâce. On lui donna pour successeur M. de Chateaubriand : ce fut la première victoire de M. de Villèle. On commença à comprendre ce que l'on devait attendre d'un esprit remuant et ambitieux.

Le duc de Bellune, trop fier pour obéir, voulut régler les affaires de son département; il fut expulsé : seconde victoire de M. le président. M. de Chateaubriand, soutenu par l'éclat de ses productions et de son génie, prétendit conserver quelque considération; il fut mis à la porte. Semblable à Buonaparte, M. de

Villèle abattait les têtes qui s'élevaient au-dessus de la sienne, comme Buonaparte avait abattu Pichegru et Moreau.

Alors toutes les parties de l'Etat, livrées à l'intrigue, à l'arbitraire, à l'influence de l'or, coururent rapidement vers leur ruine. Les réclamations des royalistes furent étouffées; on souleva avec des leviers d'or les fondemens de nos constitutions; on appliqua des clefs d'or à toutes les consciences; la corruption porta ses poisons dans toutes les branches de la société; la rudesse de M. de Corbière s'exerça sur les fonctionnaires et les écrivains les plus indépendans; les destitutions, les suppressions de pensions frappèrent les esprits les plus libres, les cœurs les plus généreux; on établit la septennalité pour perpétuer le despotisme ministériel; on acheta, on étouffa, on avilit la majorité des journaux, et, par ces moyens honteux ou violens, on parvint à se donner une Chambre asservie à toutes les volontés de Leurs Excellences. Le reste n'est que trop connu. La fortune des créanciers de l'Etat attaquée; le crédit perdu; toutes les ressources de la prospérité publique sacrifiées à des opérations de finances aujourd'hui frappées de ridicule; le sceptre des lys, dont l'éclat éclipsait autrefois tous les sceptres du monde, dépouillé de sa glorieuse influence; nos victoires sans fruit pour le monarque qu'elles devaient replacer et affermir sur son trône; le pavillon français à peine aperçu sur les mers; un peuple d'esclaves, assassins de leurs maîtres, élevé au rang et à la dignité des autres peuples; les barbares de l'Egypte, les sectateurs de Mahomet, protégés contre l'antique Eglise de la Grèce, le croissant contre la croix; l'établissement du droit d'aînesse essayé, la Charte menacée dans ses plus chères institutions : voilà ce que nous ont valu quatre ans d'un ministère réputé royaliste.

Ce n'est pas tout : si l'on s'en rapporte au cri public, des doctrines nouvelles se sont répandues dans le sein de l'Eglise gallicane; la folie des prétentions ultramontaines s'y est introduite; on nous a montré Rome comme la dominatrice suprême des rois et des peuples; des sociétés soi-disant religieuses, formées dans les ténèbres, protégées peut-être, mais indubitablement tolérées par l'autorité, ont infecté toutes les parties de la France, et, sous le manteau vénérable de la religion, ont essayé d'envahir les places, les emplois, les dignités de l'Etat et de l'Eglise.

Une vaste conspiration s'est ourdie pour le rétablissement d'une insigne compagnie, frappée autrefois par les arrêts de nos Cours suprêmes et les édits de nos rois, bannie de la France entière, et successivement chassée de tous les empires; on a inondé la capitale et les provinces de jeunes séides destinés à lui aplanir les voies et préparer son avènement; des écrits séditieux ont été répandus contre l'indépendance des couronnes; des mandemens et des instructions pastorales, digues des siècles de la plus grossière ignorance, ont jeté l'effroi dans le cœur des fidèles.

L'antique Eglise de France a été outragée, la mémoire de Bossuet flétrie; la fièvre révolutionnaire s'est précipitée des rangs de la démocratie dans ceux du sacerdoce; et parce que Rome a des chapeaux et des bulles à distribuer, on n'a plus vu de foi, de religion, d'Eglise, de catholicité qu'à Rome.

On a allumé au feu de l'ambition l'imagination des jeunes lévites; on a confié à des bouches novices le ministère sacré de la parole de Dieu; et l'Eglise a vu avec surprise des prédicateurs imberbes, sans talent, sans connaissance, même de leur langue, tantôt faire du Dieu de miséricorde un Dieu de terreur et de vengeance; tantôt transformer les cérémonies saintes de la religion en spectacles profanes, et la majesté de l'éloquence sacrée en quolibets dignes du Petit Père André (1). Les esprits les plus sages, les pasteurs les plus pieux en ont gémi; d'autres, complices de la grande conjuration, croyant le moment venu, ont proclamé hardiment le retour des jésuites; et les jésuites, bravant les lois, sûrs d'une protection secrète, se sont produits en public revêtus de leur costume, la tête élevée, et le cœur plein d'une superbe confiance (2).

Au milieu de ce désordre général de toutes les parties de l'administration, de cette confusion d'idées et de principes religieux, faut-il s'étonner de voir régner dans toute la France une inquiétude sourde, une secrète agitation,

---

(1) Un de ces missionnaires prêchant contre le babil des dames, et leur penchant à la médisance, fit tout à coup le plongeon dans la chaire; et après y être resté quelques instans, reparut, et dit avec chaleur : *D'où pensez-vous que je vienne? je viens de l'enfer, et je l'ai trouvé pavé de langues de femmes.*

(2) Il y a quatre ans que quelques-uns d'entre eux risquèrent de se montrer avec leur costume, mais ils le quittèrent presque aussitôt, *propter metum judæorum.*

un sentiment de malaise qu'elle n'avait point encore connu? faut-il s'étonner que partout on se demande : *Où allons-nous? que veut-on faire de nous?* Le principe de la tranquillité, dans tous les Etats, c'est la sécurité de l'avenir. L'homme le plus brave ne saurait marcher dans les ténèbres sans éprouver quelque anxiété. Le doute est un état pénible qui ne saurait convenir à l'esprit vif, animé, et souvent inquiet des Français.

Le ministère veut-il conserver la Charte? personne n'oserait répondre affirmativement. Veut-il des jésuites? tout l'annonce. Les jésuites voudront-ils la tolérance des cultes? on peut dire hardiment non. Voudront-ils commander? on peut dire hardiment oui. La congrégation n'a-t-elle en vue que les biens d'une autre vie? on peut répondre qu'elle s'accommode très-volontiers des biens de celle-ci. Convoite-t-elle les emplois, les dignités? oui. A-t-elle soin d'en écarter ceux qui ne sont point enrôlés sous ses bannières? oui. Pourquoi? elle va nous le dire : Pour la plus grande gloire de Dieu, pour la propagation de la foi.

Mais si tel est le noble but auquel elle aspire, pourquoi s'est-elle cachée? Si la société de Jésus lui prête son appui, pourquoi l'a-t-elle reniée ? Ne sait-elle pas que les Français n'aiment pas la dissimulation ? La lumière des réverbères n'a jamais effrayé les honnêtes gens. Jusqu'au 25 mai dernier, la congrégation a fui le grand jour ; ses amis niaient constamment son existence ; ils s'armaient d'une sainte colère contre quiconque parlait de congrégation et de jésuites ; M. de Montlozier, pour en avoir prouvé l'existence, a été privé de ses pensions ; et M. de Sallabery, bien pensionné, protestait tout récemment encore, au sein de la Chambre des députés, que l'on ne criait au *jésuite* que pour attaquer la religion.

Mais le règne du mensonge est de courte durée ; la congrégation et les jésuites savent que le père du mensonge n'est pas dans les cieux, et l'on peut s'étonner qu'ils l'aient pris si long-temps pour patron.

Aujourd'hui tout est connu, et c'est de la bouche d'un prélat respectable que sont sorties les révélations. C'est un grand acte de charité qu'il a exercé. Le scandale était trop grand, le jour de la vérité trop vif, pour persister plus long-temps dans la dénégation. L'intérêt de la congrégation et celui des jésuites exigeaient que l'on parlât ; ils demandaient une confession publique ; et personne ne pouvait la faire d'une manière plus officieuse, plus favorable au pénitent, que M. l'évêque d'Hermopolis.

Il a déclaré d'abord qu'il n'était pas de la congrégation; qu'il n'avait pas voulu, qu'il ne voulait pas en être; et cet aveu lui a donné un grand avantage, car ce n'est pas sa cause qu'il plaide, mais celle d'une société de pécheurs dont les intérêts lui sont étrangers.

Il commence par avouer que *les esprits sont agités et travaillés d'une maladie indéfinissable;* que si l'on a fait, d'un côté, des vœux pour le clergé et l'amélioration de son sort, d'un autre des plaintes se sont fait entendre contre son ambition et les doctrines nouvelles qu'il professe; qu'on l'accuse d'un esprit très-persévérant de domination, et d'un penchant très vif pour la destruction des libertés de l'Eglise gallicane.

Il est à propos de placer ici une remarque générale, c'est que *l'agitation des esprits* et *la maladie indéfinissable* dont M. l'évêque d'Hermopolis avoue que la France toute entière est travaillée, ne proviennent pas uniquement de l'ambition du clergé et de ses nouvelles doctrines, mais qu'elles ont, comme on l'a vu, leur source dans les vices de l'administration; et comme ces vices sont aussi nombreux qu'évidens, il s'ensuit que rien n'est plus facile à définir que cette maladie *indéfinissable* dont parle M. l'évêque d'Hermopolis.

Ce qui serait *indéfinissable*, ce serait que la nation fût sans inquiétude et sans souci au milieu des maux qui l'affligent et des dangers qui la menacent. Quel peuple, quel homme peut se contenter de la sécurité d'un jour !

Mais laissons cette question générale : M. d'Hermopolis n'a pas voulu la traiter. Trop prudent pour s'engager dans un pareil dédale, il s'est contenté de l'examen de conscience du clergé. Suivons-le dans la route qu'il s'est tracée.

*Le clergé est-il ambitieux? a-t-il dessein de dominer?*

Cette question, traitée avec tous les développemens dont elle est susceptible, entraînerait une longue discussion. Il faudrait d'abord distinguer deux clergés, l'ancien et le nouveau : l'ancien, qui n'a jamais cessé d'être digne de la confiance, du respect et de l'intérêt des fidèles; qui, simple dans ses mœurs, paternel dans ses affections, pénétré de cette charité évangélique que notre divin Instituteur a mis au-dessus de toutes les vertus, n'aspire qu'à l'honneur de remplir fidèlement ses devoirs, ne voit, ne désire que les biens immortels qui lui sont promis.

Ce clergé ne demande point, ne trouble point. Fidèle aux doctrines de l'Eglise dans laquelle il est né, loin de prétendre à dominer les rois, à soumettre les couronnes à son empire, il n'ambitionne d'autre empire que celui que donne la vertu.

L'autre, formé depuis la restauration, borné dans son instruction, imbu des doctrines repoussées par le clergé et la magistrature de France, proclame partout qu'il est institué pour régner sur les Etats; que les rois, comme les plus simples fidèles, ne forment qu'un troupeau qu'il est appelé à gouverner. Ce clergé a des émissaires partout; et s'il déclare n'avoir rien à réclamer sur le temporel des princes, il n'en professe pas moins que son devoir, comme pasteur, ne lui permet pas de laisser dans le troupeau une brebis royale qui pourrait l'infecter.

On peut donc accuser ce clergé d'aspirer à la domination; et si l'on en croit l'opinion générale, elle est assistée dans cette ambitieuse entreprise par une vaste association dont le réseau enveloppe la France toute entière. C'est à l'examen de cette accusation que s'attache particulièrement M. l'évêque d'Hermopolis; et pour répandre plus de jour sur son sujet, il le divise habilement.

Il nous apprend donc qu'il existe deux congrégations : l'une toute pieuse, toute évangélique, sans aucun but politique, sans autre dessein que d'entretenir les sentimens religieux parmi ceux qui la composent; l'autre pleine de zèle pour le prochain, détachée de tout intérêt personnel, et dont l'objet est de porter, comme autrefois, les lumières de l'Evangile dans toutes les parties du monde. La première est connue sous le nom général de *congrégation*, l'autre sous le nom de *congrégation pour la propagation de la foi.*

### DE LA PREMIÈRE CONGRÉGATION.

Si l'on en croit M. d'Hermopolis, elle n'a rien qui puisse effaroucher; c'est une institution toute chrétienne dont voici l'origine :

« Après la chute du Directoire, un grand « capitaine arrive à la tête des affaires. A cette « époque, beaucoup d'églises paroissiales de « Paris n'étaient point ouvertes au culte catho- « lique; il ne s'exerçait que dans quelques

« églises particulières, et notamment dans cette « église dont les murs sont teints encore du « sang de deux cents prêtres qui y furent mar- « tyrisés; il s'exerçait aussi dans plusieurs ora- « toires privés. Les jeunes gens qui arrivaient à « Paris étaient, en général, dépourvus des se- « cours efficaces de la religion; alors *un prêtre* « *vénérable par son âge et son expérience*, « conçoit et exécute le dessein d'en réunir « quelques-uns arrivés de nos provinces, et « cela pour les maintenir dans les sentimens « religieux qu'ils avaient puisés au sein de « leurs familles, ou pour leur en inspirer, s'ils « avaient le malheur de n'en point avoir. Ce « saint prêtre les recevait chez lui dans un « oratoire fort modeste. Il célébrait en leur « présence les saints mystères, qu'il faisait « suivre d'une instruction appropriée à leur « âge, à leurs besoins, à leur situation pré- « sente, à leurs besoins futurs dans le monde. « *Point d'engagement, point de promesses,* « *point de sermens, point de politique,* « point d'autres liens que ceux d'une charité « toute fraternelle, qui tournait à l'édification « et au bonheur de tous; c'était une associa- « tion purement religieuse, complètement li- « bre et volontaire. Bientôt le nombre de ces

« jeunes gens s'accroît, il faut les partager en « deux divisions; elles se réunissent chacune « tous les quinze jours. La police connais- « sait l'habitation de ce vénérable ami de la « jeunesse, et jamais elle n'eut la pensée de « l'inquiéter.

« Cependant, le vieux fondateur, chargé « d'années, alla recevoir dans l'autre vie la ré- « compense de son zèle (1). »

Ici, M. l'évêque d'Hermopolis nous apprend que la congrégation passa sous la direction de M. l'abbé Legris-Duval, ecclésiastique doué des plus hautes qualités du cœur et de l'esprit, et dont le zèle s'unissait au caractère le plus doux et le plus conciliant. Sous sa direction, la congrégation continua de marcher dans les mêmes voies jusqu'en 1819, époque de sa mort. Cette mort changea-t-elle quelque chose? M. d'Hermopolis nous assure que non. « Le même esprit, qui est uniquement et exclusivement un esprit de charité et de bonnes œuvres, n'a cessé de l'animer jusqu'à nos jours. »

Si plusieurs de ces jeunes gens sont arrivés à des postes assez élevés, il ne faut point

---

(1) Premier discours de M. d'Hermopolis.

s'en étonner ; il en est plusieurs qui joignent à une piété solide un véritable talent.

Tout est donc éclairci à l'égard de la CONGRÉGATION : c'est une association sainte dont toutes les pensées sont tournées vers la religion, qui n'est animée que d'un esprit de charité et de bonnes œuvres.

Les ennemis de la congrégation lui ont reproché de compter dans ses rangs des hypocrites, des intrigans, des ambitieux. M. l'évêque d'Hermopolis avoue que cela est possible, parce que, dans tous les temps et dans tous les lieux, on a vu l'homme abuser des choses les plus saintes; mais M. l'évêque n'en a connu aucun de ce caractère; il a connu au contraire beaucoup de jeunes congréganistes qui ont fait la consolation et l'honneur de leur famille.

On a dit que telles étaient l'étendue, l'ambition et l'influence de la congrégation, qu'elle disposait de tous les emplois, assiégeait les dépositaires du pouvoir et les conseillers de la couronne, qu'elle présidait enfin aux destinées de la France.

M. l'évêque d'Hermopolis déclare que l'accusation est dénuée de toute raison, qu'elle est même *incroyable;* qu'il n'a jamais senti le joug de cette puissance mystérieuse ; que, depuis vingt mois qu'il est admis dans les conseils du roi, il a été dix fois dans le cas de remplir la plus grave comme la plus redoutable des fonctions, celle de présenter à Sa Majesté des sujets pour les siéges vacans ; et qu'il peut défier *toute congrégation quelconque* de lui prouver qu'une seule fois les propositions lui aient été dictées par elle.

Son Excellence rend le même témoignage à toutes les autres nominations. Elles sont proposées dans le conseil du prince ; les choix y sont discutés avec une sévère impartialité ; chacun y parle avec une liberté entière dont jamais ne s'offense le cœur noble et loyal du roi. Or, Son Excellence déclare nettement que jamais *elle n'y a remarqué les traces de ce qu'on appelle l'influence de la congrégation.*

Après un témoignage aussi positif, une assertion aussi publique, aussi solennelle, quel reproche les profanes oseront-ils faire à la congrégation ? quelle inquiétude pourra-t-elle exciter ? N'est-il pas évident que les membres de la congrégation sont tous des saints, des anges répandus sur la terre en attendant qu'ils aillent, dans le ciel, prendre la place où leurs vertus les appellent; que, loin de s'effrayer des progrès de la congrégation, on doit faire des vœux pour qu'elle croisse et multiplie; et que si les emplois, les honneurs, les dignités lui sont accordés de préférence, c'est qu'elle renferme dans son sein une foule de sujets d'un mérite transcendant, et dont le génie et les talens de tous les genres jettent un tel éclat, que le gouvernement, dans sa haute sagesse, ne saurait se dispenser d'en faire l'objet de sa plus tendre prédilection; et voilà pourquoi toutes choses vont si bien depuis que le soin de les régir est confié à la congrégation.

Ce tableau n'est-il pas satisfaisant, et ne devons-nous pas savoir un gré infini à M. l'évêque d'Hermopolis de nous avoir fait d'aussi précieuses révélations?

Voici cependant quelques objections : M. le ministre des affaires ecclésiastiques n'est pas de la congrégation, il n'a pas voulu en être; et la raison qu'il en donne, c'est que sa présence dans cette réunion, *l'assiduité qu'elle aurait exigée, était incompatible avec le ministère public qu'il exerçait dans cette capitale; qu'il a voulu rester parfaitement libre, conserver son indépendance, et enfin ne connaître d'autres liens que ceux qui l'at-*

*tachaient à ses supérieurs ecclésiastiques et à ses confrères.*

Quelle foule d'observations se présentent ici! On a proposé à M. l'évêque d'Hermopolis d'être membre de la congrégation : elle ne se compose donc pas uniquement de jeunes gens arrivant de leurs provinces, dépourvus de connaissances nécessaires à l'état qu'ils voulaient embrasser; son objet n'est donc pas exclusivement de leur inspirer des sentimens religieux, ou de les y maintenir? M. d'Hermopolis n'est pas un jeune homme; il n'arrive pas de sa province; il y a long-temps qu'il a quitté les rives de l'Aveyron; il n'a pas besoin de maîtres pour le diriger dans les voies de la piété et de l'état qu'il a embrassé. Il est lui-même grand-maître de l'Université; et les conférences qu'il a faites à Saint-Sulpice, attestent suffisamment ses sentimens religieux.

La congrégation est donc une association qui s'applique à tous les âges, à tous les rangs, à toutes les professions; elle comprend même les hommes et les femmes, et dans quelques endroits les sœurs grises n'en sont pas le moindre ornement.

Son Excellence n'a pas voulu en faire partie, parce que l'assiduité qu'elle exige, les devoirs qu'elle impose, ne pouvaient s'allier avec le ministère public qu'elle exerçait alors. S'il ne s'agit que de vivre saintement; si la congrégation n'impose d'autres devoirs que ceux que la religion prescrit; si elle n'a pas ses pratiques à elle, ses instructions et ses assemblées particulières, quel est donc l'objet de cette assiduité dont Son Excellence s'est effrayée, et qu'elle a regardée comme incompatible avec le ministère public? L'Académie française, la Chambre des pairs, les conseils de l'Université, les soins du ministère ont aussi leurs exigences, et monseigneur ne s'en est point effrayé.

Monseigneur a voulu conserver son indépendance : on n'est donc plus indépendant quand on est de la congrégation (1)? Il n'a pas voulu d'autres liens que ceux qui l'attachaient à ses supérieurs ecclésiastiques et à ses confrères : la congrégation a donc aussi ses supérieurs, auxquels on est tenu d'obéir, de préférence à tout autre? Elle a ses confrères, qui

---

(1) M. de Bonald a dit dans son livre des pensées : « Ce ne sont pas les devoirs qui ôtent à un homme son « indépendance, ce sont les engagemens. » Il y a donc des engagemens dans la congrégation.

ne souffrent pas d'autre confraternité : sa constitution est donc toute autre chose que celle dont on nous a parlé.

Son Excellence nous a dit que la congrégation avait été formée, il y a vingt-huit ans, par un vénérable ecclésiastique : le fait est vrai. Mais pourquoi ne pas nommer l'auteur de cette institution ? pourquoi ne pas dire que c'était le Père Delpuy, jésuite ? Ce n'est pas un crime d'être jésuite, et Son Excellence pouvait d'autant mieux en parler, que cet ecclésiastique était véritablement rempli de vertus, et connu depuis long-temps par les nombreux services qu'il avait rendus à la religion.

Son successeur, l'abbé Legris-Duval, était, comme lui, animé de la plus douce charité, et digne de tous les éloges que lui a donnés M. d'Hermopolis. Sous la direction de ces deux hommes évangéliques, jamais personne n'a entendu parler de la congrégation, jamais aucun reproche ne s'est élevé contre elle ; elle accomplissait silencieusement les devoirs de la religion ; elle était un objet d'édification, et non pas de plainte ; l'intrigue y était inconnue ; l'ambition et la politique ne se mêlaient point à ses pieux exercices. Mais comme toutes les institutions dégénèrent à mesure qu'elles s'éloignent de leur berceau, elle a beaucoup perdu de sa pureté primitive.

C'est aujourd'hui le Père Ronsin, jésuite, qui la dirige; mais elle forme deux sections bien distinctes : l'une, à laquelle appartenait M. de Montmorency, fidèle à son origine, est toute chrétienne, toute occupée de bonnes œuvres. On assure que l'autre est toute mondaine, toute politique, et plus occupée de ses intérêts que de ceux du Ciel; qu'elle se montre partout, s'insinue partout, veut dominer partout; recherche les emplois, les honneurs, assiége les antichambres et les salons des ministres, dont elle ambitionne les faveurs; on la trouve à la cour, aux Chambres législatives (dans l'une desquelles elle a trois bancs), sur les siéges des tribunaux, dans les administrations, dans les chaires des écoles publiques; et jusque dans l'armée. La Société des bonnes études est sous sa main; et quand la censure a été établie il y a deux ans, c'est aux élèves de cette société qu'elle a été confiée.

Elle se compose : 1° de vieux pécheurs qui, après avoir servi tous les partis, porté toutes les livrées, se couvrent aujourd'hui du manteau de la religion, fréquentent assidument les églises, s'y tiennent les yeux baissés, les épaules humblement courbées, le bras chargé de gros livres d'*Heures* reliés en maroquin rouge, pour être aperçus de plus loin. Autrefois, ils étaient philosophes, incrédules même, ils hantaient les mauvais lieux ; aujourd'hui, ils suivent les processions, font les stations du jubilé, les pèlerinages du Calvaire, courent les sermons des missionnaires, assistent à tous les offices, s'y placent de manière à être reconnus de qui il appartient, et prosternés sur le pavé du temple, y poussent de pieux gémissemens quand on passe auprès d'eux.

Elle se compose : 2° de cette multitude de jeunes ambitieux qui, dans tous les temps, pressée de prendre place dans l'État, mesure d'un coup-d'œil rapide la route qui conduit à la fortune, et s'y précipite, quelle qu'elle soit. Indifférente à toutes les doctrines, à tous les partis, elle s'attache à ceux qui la servent le mieux, et suit aujourd'hui les exercices de la congrégation, comme elle aurait autrefois suivi les fêtes décadaires et le char de la Raison. Sûrs de réussir dans leurs combinaisons, ces jeunes gens sacrifient sans remords la morale à l'ambition, et la franchise de leur âge à l'hypocrisie de leur siècle. Habiles dans l'art de tromper, ils parviennent, sans beaucoup de peine, à surprendre la confiance des dignitaires de l'ordre; ils obtiennent des emplois, des directions, des secrétariats dans les ministères, occupent des chaires, des inspections, des rectorats dans l'Université; et de même qu'autrefois on était réputé propre à tout quand on était patriote, on est aujourd'hui réputé propre à tout quand on est dévot. On donne pour chefs à cette branche de la congrégation générale, MM. de R..é P.... de R....e.... Ch...

Qu'arrive-t-il de ce nouvel ordre de choses? que la morale se corrompt, que l'honneur se perd, que les âmes se dégradent, que la dissimulation et la fausseté se substituent partout à la noble franchise, au caractère loyal et généreux de la nation. Voilà ce qui agite la société, et produit cette très-*définissable* maladie dont parle M. d'Hermopolis.

Je suis rempli de respect pour Son Excellence, personne ne rend plus d'hommages que moi à ses vertus; cependant j'oserai lui demander si, dans l'administration de l'Université, elle ne s'est pas vue quelquefois réduite à faire des sacrifices dont elle étoit intérieurement contristée, si les règlemens de l'Université n'ont pas souvent fléchi devant des considérations que son cœur désavouait; si, dans la distribution des inspections, il aurait volontiers préféré M. l'abbé Fay...., M. Laur...., l'Irlandais M. Lew...., à tant d'autres sujets d'un mérite supérieur, et dont ces préférences froissaient les droits? Si ce n'est pas la congrégation, la responsabilité pèse toute entière sur Son Excellence.

Monseigneur nous assure que ni lui ni ses collègues n'ont jamais senti le joug de la congrégation : je le crois. Mais si, pour s'y soustraire, ils sont allés au-devant d'elle, s'ils y ont même cherché un appui, s'ils lui ont tout donné pour éviter qu'elle ne demandât! On aurait désiré que monseigneur voulût bien nous dire si, parmi les ministres, il n'en est pas quelques-uns qui soient de la congrégation, s'il n'en est pas un qui soit allé faire des génuflexions à Mont-Rouge, et se mettre sous sa protection.

Le pouvoir autrefois protégeait, et n'était pas protégé; il avait le sentiment de sa force; et loin de prendre les couleurs d'un parti, il forçait les partis à prendre les siennes. Mais le pouvoir connaissait aussi le caractère et le génie du peuple auquel il commandait, et ne prétendait pas repaîtrir une nation à son gré, et forcer son naturel.

M. d'Hermopolis remarque que les plus sages, les plus utiles, les plus chrétiennes institutions se sont formées par des associations. Oui, sans doute : mais quelle conséquence en voudrait-on tirer? que toutes les associations sont bonnes? Pourquoi donc Rome proscrit-elle les francs-maçons, Naples les carbonari, l'Allemagne les sociétés secrètes? Qui jamais s'est plaint à Paris des comités de bienfaisance, de la société philantropique, des frères de la charité, des pères de la rédemption des captifs, et de ces généreux missionnaires qui, renonçant à tout bien temporel, sont allés à travers les mers chercher les nations barbares pour leur prêcher l'Evangile? Que la congrégation politique cesse donc de troubler la France, et la France cessera bientôt de s'occuper d'elle; mais tant qu'elle paraîtra menacer les libertés publiques, tant qu'elle déclamera contre la liberté de la presse, tant qu'elle aura ses initiations, ses registres secrets, ses signes de reconnaissance, *l'indéfinissable maladie* de M. l'évêque d'Hermopolis se perpétuera, les esprits seront agités, et l'on se demandera :

*Où allons-nous? que veut-on de nous?*

Après avoir bien distingué les deux branches dont se compose la congrégation générale, examinons maintenant la seconde congrégation.

### CONGRÉGATION POUR LA PROPAGATION DE LA FOI.

Cette société est aussi l'objet d'une vive inquiétude. On la croit secrètement unie avec celle dont nous venons de parler; on lui reproche de partager ses vues, ses principes, ses doctrines, et de marcher vers le même but. Tout, en effet, semble justifier ces soupçons; et l'intimité des deux congrégations est trop apparente pour qu'il soit facile de la nier.

Mais cette congrégation est-elle réellement dangereuse ? M. l'évêque nous assure qu'elle n'est ni moins pieuse, ni moins désintéressée, ni moins digne d'égards, de confiance et de respect que la congrégation générale. Si elles sont unies dans les même vues, ces vues sont tout entières dans l'intérêt et l'esprit de la religion. Elle s'appelle *congrégation de la propagation de la foi*, parce qu'en effet, son dessein particulier est d'étendre et de propager la foi dans tous les lieux de la terre.

M. d'Hermopolis nous apprend qu'elle a été fondée à Lyon par quelques pieux ecclésiastiques, quelques vertueux chrétiens qui, voyant que les Missions étrangères étaient menacées d'une sorte de dépérissement, ont imaginé de former une association pour les soutenir et leur procurer quelques secours.

Les auteurs de ce projet en ont rédigé le prospectus, l'ont adressé à presque tous les évêques; et les plus recommandables d'entre eux par les vertus et les lumières, se sont empressés d'adopter cette œuvre.

« Il a bien fallu, dit M. l'évêque d'Hermo-« polis, organiser l'association, en faire un « ensemble, trouver les moyens de recueillir « les aumônes des fidèles, et les faire parvenir « à leur destination. De là, un règlement; « de là, ces divisions et subdivisions dont le « nom ne fait rien à la chose, mais qui étaient « propres à atteindre le but. Ce n'est point « ici une contribution, c'est une offrande « parfaitement volontaire. On y reçoit le de-« nier du pauvre comme l'or du riche. Rien « n'est plus conforme à l'esprit du christia-« nisme. »

Si tout ce que vient de dire M. d'Hermopolis est exact, si on ne lui a rien caché, s'il est parfaitement instruit, et si la congrégation de la propagation de la foi n'a pour objet que d'aider la sublime institution des Missions étrangères, il faut se prosterner et l'entourer de respect et de vénération. Mais on peut avoir trompé Son Excellence, comme Son Excellence peut s'être trompée. Et peut-être convient-il de rappeler ici que c'est à Lyon que les premiers jésuites se sont établis, sous le nom de *Pères de la foi.* C'est un fait que nous croyons pouvoir garantir, que l'on n'est point reçu à Lyon dans la congrégation, sans être soumis à quelques épreuves; qu'elle a ses cérémonies, ses initiations, ses registres et ses engagemens comme toutes les sociétés secrètes; que les initiations se font chez M. de N***, et que les registres sont inspectés par un M. P***, d'Avignon. Nous tenons d'un initié, qu'avant de le recevoir on l'a fait passer dans plusieurs salles exactement fermées, et qu'il est arrivé, d'appartement en appartement, dans un vaste salon éclairé par un grand nombre de cierges ou de bougies; qu'on lui a fait part des obligations auxquelles il se soumettait, et signer un registre chargé de noms et de notes; le caractère et le rang de cette personne sont tels, que nous n'avons pas lieu de croire qu'elle se soit amusée à nous faire un roman.

M. d'Hermopolis dit que rien n'est plus conforme à l'esprit du christianisme que ces sortes d'associations. Sans doute elles ont été pratiquées dans les temps de la primitive Eglise; mais l'Eglise alors était forcée d'agir en secret, de dérober ses mystères à la curiosité des infidèles. Aujourd'hui, quel besoin aurait-elle de s'envelopper de ténèbres? Pourquoi le projet dont il s'agit ici n'a-t-il pas été rendu public comme tous les projets qui honorent la religion et intéressent la société? Quel scrupule empêche de publier la liste des membres de cette sainte association? Pourquoi ces divisions secrètes de centuries, de décuries? Pourquoi ne pas faire connaître les personnes éminentes en vertu qui sont à la tête de l'administration? On lève des contributions; il y a donc des contribuables, des percepteurs, des receveurs généraux et particuliers, des caisses, des répartiteurs, une administration? Pourquoi une ordonnance royale n'a-t-elle pas consacré une si généreuse entreprise, comme elle vient de consacrer l'établissement de douze monastères de femmes? Douze monastères, c'est beaucoup; mais probablement M. le ministre des affaires ecclésiastiques les a trouvés nécessaires, puisque ces sortes d'établissemens sont dans ses attributions. Nous ne sommes plus dans le temps où les chrétiens avaient besoin de cacher leurs œuvres. Saint Vincent de Paul, ce héros de la religion et de l'humanité, a toujours exposé les siennes en grand.

Cependant, supposons que les fondateurs de la congrégation pour la propagation de la foi surpassent saint Vincent de Paul en humilité; accordons à M. d'Hermopolis tout ce qu'il désire, consentons à ne regarder cette congrégation que comme une succursale des Missions étrangères, repoussons jusqu'à l'apparence du doute sur la pureté de ses intentions; que dirons-nous de ces autres missions qui s'exercent sur toute la France, et qui se disent aussi instituées pour la propagation de la foi? quel est leur fondateur? quels sont ses chefs? quelle bulle du pape les a instituées? quel acte du conseil d'Etat les a approuvées? quelle ordonnance du roi les a autorisées? ne sont elles qu'une succursale de la congrégation de Lyon, comme celle-ci n'est qu'une succursale des Missions étrangères?

Le discours de M. d'Hermopolis ne répand aucune lumière sur ces questions. Cependant,

Son Excellence avoue que ces missions font du bruit dans tout le royaume, *qu'elles agitent le peuple,* qu'elles sont regardées comme une innovation, *qu'elles semblent enfin n'avoir été imaginées que pour faire tomber la France aux pieds du sacerdoce.*

Mais si tous ces faits sont vrais, s'ils sont incontestables, pourquoi ne pas chercher à dissiper les doutes? Le ministre des affaires ecclésiastiques ne saurait rien ignorer de ce qui concerne son département; la clef de tous les secrets doit être entre ses mains; et dans la circonstance actuelle, les réticences et le mystère ne sont guère permis. Je cherche en vain à m'éclairer, je ne trouve rien dans le discours de Son Excellence qui satisfasse ma curiosité, rien qui puisse dissiper les inquiétudes publiques.

M. d'Hermopolis se contente de nous dire que l'envoi des missionnaires dans l'intérieur de la France n'a rien de nouveau, qu'il ne faut que remonter seulement deux siècles pour trouver les missions établies partout; que saint Vincent de Paul fonda les lazaristes pour ces sortes de pieux exercices; que Fénélon lui-même, l'admirable Fénélon, fit des missions, et que, par ses indulgentes vertus, il se concilia tous les cœurs.

Mais ne fallait-il pas ajouter qu'à cette époque les provinces, les villes, les campagnes avaient été désolées par les troubles civils et religieux, qu'un égal fanatisme égarait tous les partis, qu'ils se combattaient encore avec fureur, et que des prêtres, tels que saint Vincent de Paul et Fénélon, envoyés pour réconcilier les esprits, étaient des anges de paix, des bienfaiteurs de l'humanité envoyés par le Ciel?

Il fallait dire que toute la France connaissait Vincent de Paul, qu'il avait consacré sa mission par des actes de charité qui semblaient surpasser les forces humaines. Quel bien ne devait pas faire dans les campagnes le fondateur de l'établissement des Enfans trouvés! de l'institution des Sœurs de la charité!

Il fallait dire que les missions de Fénélon étaient approuvées, demandées instamment par Louis XIV, et que, malgré toute sa science, toutes ses vertus, il ne fut pas toujours content de ses succès.

Ces héros de l'Évangile ne se cachaient pas, ils ne s'enveloppaient pas de mystère, ils n'affectaient pas des formes brusques et sauvages; ils savaient au moins la langue française, et ne la meurtrissaient pas de solécismes et de barbarismes. Qu'on nous donne des saint Vincent de Paul, des Fénélon, et toute la France courra au-devant d'eux.

Sa Grandeur parle des missions du Père Bridaine. Il faut, pour les retrouver, remonter à plus d'un siècle; j'ai vu encore des croix qu'il avait fait planter; j'ai connu nombre de personnes qui l'avaient entendu. Le mouvement qu'il produisit fut grand, mais peu durable, et je puis assurer que la dévotion n'était pas plus vive, la foi plus animée dans les lieux qu'il avait parcourus que partout ailleurs.

On se plaint, et avec raison, des contradictions que nos missionnaires ont éprouvées dans quelques villes; le Père Bridaine les éprouva de même; et voici quelques anecdotes que j'ai recueillies de la bouche de plusieurs ecclésiastiques dignes de respect et de confiance.

Un jour qu'il prêchait les dames, et que l'entrée de l'église était fermée aux hommes, plusieurs jeunes gens prirent des habits de femmes et se mêlèrent au pieux auditoire. Le Père Bridaine ayant pris pour texte de son discours *le pardon des injures et la réconciliation des ennemis,* ayant même engagé les ennemies à s'embrasser, ces étourdis se précipitèrent dans tous les rangs, embrassant les plus jeunes et les plus jolies femmes, auxquelles ils prétendaient en vouloir beaucoup.

Une autre fois, affectant d'être ravis de la beauté de ses sermons, de la sainteté de ses discours, ils se précipitèrent sur lui au moment où il descendait de la chaire, et lui enlevèrent plusieurs lambeaux de sa robe, sous prétexte d'en faire des reliques. Le Père Bridaine souffrit tout cela avec une admirable patience, et ne fit point appuyer ses sermons par les archers et la milice bourgeoise. Le Père Bridaine transformait comme un autre ses exercices en spectacle, et le spectacle est toujours très-fréquenté quand les places ne coûtent rien.

En général, les missions sont plutôt des récréations pour le peuple et des moyens d'amusement que des moyens d'édification. Les sermons prêchés dans l'avent, le carême et les grandes fêtes, par des ecclésiastiques instruits et connus, produiront toujours beaucoup plus de fruit que ces déclamations, la plupart mal écrites, apportées par des étrangers dans un pays qu'ils ne connaissent pas.

Plus d'un siècle s'est écoulé depuis les dernières missions : faut-il s'étonner que le peuple les regarde comme des innovations? Son Excellence prétend que l'Église est aujourd'hui dans le même état qu'après la ligue et les ravages de Luther et de Calvin, que les tempêtes révolutionnaires ont tout dévasté, que des doctrines corruptrices ont attaqué et tari jusqu'aux principes de la vie morale de la nation, et déposé dans les veines du corps social des germes de dissolution et de mort.

« Dans plusieurs contrées, ajoute-t-il, ré-
« gnait une indifférence mortelle, dans d'au-
« tres une impiété brutale. Il fallait un moyen
« extraordinaire pour lutter avec avantage
« contre cette langueur et ces affreux désor-
« dres : voilà l'origine des nouvelles mis-
« sions. »

J'en demande pardon à M. d'Hermopolis; mais il me paraît avoir mal tâté le pouls de la nation, et j'ai lieu de croire qu'il s'est exagéré les maux dont elle souffre.

Certaines personnes qui s'accommodent mal de l'état présent des choses, dont les regards et les regrets se portent toujours vers les temps passés, qui regardent comme des désordres tout ce qui ne s'accommode ni avec leurs idées ni avec leurs intérêts, ne cessent de ramener la révolution dans toutes leurs doléances ; on dirait, à les entendre, qu'elle est encore à nos portes; qu'à peine quelques mois, quelques années nous séparent de ses excès, et cependant plus de trente ans se sont écoulés depuis que la fièvre révolutionnaire a cessé de nous tourmenter. Napoléon nous en avait guéri; douze ans se sont écoulés depuis la restauration : les autels, depuis ces deux époques, se sont rétablis, les temples ont été ouverts, la croix relevée partout, la paix est redescendue du ciel pour nous prodiguer ses bienfaits; la liberté de conscience, proclamée par nos lois, a réconcilié les Français entre eux; la tranquillité régnait partout quand la restauration est venue combler tous nos vœux en nous rendant nos légitimes souverains : que fallait-il de plus?

J'ai vu cette révolution dont M. l'évêque d'Hermopolis rappelle les erreurs et les excès; j'ai, pour m'en souvenir, des motifs probablement plus puissans que lui; j'en porte des cicatrices plus nombreuses et plus profondes que Son Excellence, et je puis dire mieux qu'elle :

*Quœque ipse miserrima vidi et quorum pars* salva *fui.*

On assure que Son Excellence s'applaudit

de n'avoir jamais fait connaître son opinion; j'ai fait connaître la mienne.

Eh bien! je puis assurer que, dès qu'il fut possible de se présenter dans les églises avec quelque sécurité, le peuple s'y précipita en foule, et que la religion lui devint d'autant plus chère, qu'il avait été plus long-temps privé de ses secours et de ses bienfaits, et que, loin de rechercher les doctrines impies et révolutionnaires, il les eut en exécration. Jamais la secte des théophilantropes ne put s'établir; et telle était l'horreur du peuple pour elle, qu'il exprimait ce sentiment par un de ces mots qui n'appartiennent qu'à la gaîté française, en les appelant des *filoux en troupe*.

Le concordat de Napoléon, quel qu'il soit, fut accueilli avec transport; le souverain pontife fut, partout où il passa, partout où il s'arrêta, l'objet de la vénération publique. On vit alors, parmi les évêques et les pasteurs, des hommes remplis de savoir, de charité et de religion, et M. d'Hermopolis lui-même n'hésita pas à faire partie de ce nouveau clergé.

Son Excellence s'est tout doucement accoutumée à vivre dans les hôtels et dans les salons des grands : ce n'est pas le moyen de voir mieux les choses; il est bon de se mêler un peu dans tous les rangs de la société. La médiocrité a ses avantages, et celle où je vis me met plus à portée qu'un ministre d'étudier les objets et de les juger.

On a trompé M. l'évêque d'Hermopolis lorsqu'on lui a dit qu'il n'y avait plus ni morale, ni religion, ni principes de sociabilité parmi le peuple; quand on accuse la France d'*une indifférence mortelle* et d'*une impiété brutale.* Je ne veux, pour la justifier, que le concours immense des fidèles dans nos temples aux jours de nos grandes solennités; je ne veux que rappeler à ses injustes détracteurs l'époque où il fut permis aux processions de la Fête-Dieu de sortir des églises et parcourir les divers quartiers de la ville comme aux temps antérieurs à la révolution. Par qui alors ont été élevés les reposoirs, par qui les rues ont-elles été parées de guirlandes, jonchées de feuillages et de fleurs, si ce n'est par le peuple? On l'a vu alors rivaliser de zèle avec les fidèles les plus opulens.

Mais pour établir des missions, il fallait tout exagérer, et ne voir partout qu'*une indifférence mortelle, une impiété brutale;* il fallait placer le peuple le plus civilisé et le plus poli de l'Europe, au-dessous des Hurons et des Iroquois, comme l'a fait tout récemment un révérend Père de la compagnie de Jésus. Si les missions étaient nécessaires, c'était peut-être à l'époque du concordat, et non après dix ans de restauration sous le règne des fils de saint Louis, dont les exemples et la piété suffisaient pour ramener la France entière dans les anciennes voies de la morale et de la religion.

Enfin, si l'état actuel de la religion faisait juger les missions nécessaires, il fallait les établir sans détour, sans mystère, n'en cacher ni l'origine ni les chefs; faire connaître les instructions dont les missionnaires étaient chargés; il fallait surtout les confier à des ecclésiastiques sages, éclairés, puissans en paroles et en exemples.

M. d'Hermopolis, toujours plein de mansuétude, passe rapidement sur les désordres qu'elles ont produits.

« Pour quelques écarts de zèle, dit-il, pour « quelques paroles indiscrètes, pour quelques « tumultes passagers, souvent exagérés, dont « les missionnaires ont été le prétexte inno- « cent, comment oublier le bien immense « qu'ils ont fait? Des restitutions opérées,

« des familles réconciliées, des mariages con-
« sacrés par la religion, des aumônes plus
« abondantes, des associations charitables éta-
« blies pour le soulagement des malades, des
« prisonniers, de l'enfance abandonnée, etc. »

Je suis loin de contester que les missions ne puissent rendre des services importans à la religion, aux mœurs, à l'Etat. Mais il faut, pour cela, que les missionnaires ne paraissent animés que de l'amour du bien public et du salut des âmes; qu'ils soient étrangers à tous les intérêts politiques; que leur institution, leurs relations n'inspirent pas au peuple des préjugés légitimes; il faut qu'ils soient exclusivement à Dieu, et non aux hommes.

Mais si les missionnaires ont des liaisons étroites avec des sociétés que l'esprit public réprouve; si les missions de France, les missions de Lyon, les missions étrangères, la grande congrégation, la petite congrégation, les jésuites paraissent ne former qu'une seule et vaste ligue contre la forme actuelle du gouvernement; si l'on est autorisé à les regarder comme poussés par le ministère, pour lui préparer les voies vers un ordre de choses dont la seule pensée révolte les dix-neuf vingtièmes de la nation; si leurs déclamations contre les excès révolutionnaires semblent n'avoir pour objet que les intérêts du clergé, quel bien peuvent-ils faire? quel succès peuvent-ils attendre? Or, il est bien difficile, pour l'homme sensé, impartial et réfléchi, de ne pas partager les idées communes à cet égard. Il est bien difficile de ne pas apercevoir le secret d'un vaste plan qui nous mène, à pas rétrograde, vers une nouvelle révolution.

M. d'Hermopolis parle *d'écarts de zèle, de paroles indiscrètes* échappées aux missionnaires; mais si ces paroles indiscrètes étaient le mot de l'énigme!.... Si ces écarts de zèle étaient de nature à porter l'inquiétude et le trouble dans une classe nombreuse de citoyens!... S'il s'agissait réellement d'attaquer plus tard l'acquisition des biens nationaux!... Il est certain que les plus graves indiscrétions ont été commises par plusieurs missionnaires, et qu'ils ont, par ces écarts, suscité les troubles dont plusieurs communes ont été le théâtre.

Au moment où M. d'Hermopolis prononçait son discours, les tumultes de Rouen venaient d'avoir lieu. Sans doute la religion doit jouir en France d'une entière sécurité, surtout la religion de l'Etat, et l'on ne saurait s'élever avec trop de force contre les excès auxquels se sont portés quelques habitans de cette ville.

Mais le temps était-il bien choisi pour ouvrir cette mission ? Les esprits étaient-ils assez calmes ? N'avait-on pas à craindre qu'à l'aspect des missionnaires, les Rouennais ne se rappelassent et la malheureuse instruction pastorale de M. l'archevêque, et la défense de jouer le *Tartufe ;* qu'ils ne s'imaginassent les voir entourés de tous les fantômes dont le peuple s'effraie : les jésuites, les congrégations, le droit d'aînesse, et même les anciens *aristocrates*. M. d'Hermopolis nous assure que jamais un missionnaire ne se présente nulle part sans y avoir été appelé par l'évêque diocésain. Dans ce cas, M. l'archevêque de Rouen a manqué de prudence ; et je le dis avec regret ; car si l'on ne peut partager ses opinions ultramontaines, on ne saurait se dispenser d'honorer ses vertus.

J'ignore quel est le nombre des missionnaires de France ; mais il faut plaindre cette institution d'avoir des sujets si peu instruits.

On leur a dit avec raison, qu'étant destinés à parler au peuple, leur langage devait être simple. Mais il y a quelque différence entre la simplicité et la trivialité. J'en ai entendu plusieurs, et j'ai souvent gémi de l'indigence de leurs idées, de l'incorrection et de la bassesse de leur langage. Il me semble qu'on devait plus d'égard au peuple de la capitale (1).

---

(1) Messieurs les missionnaires devraient aussi mieux choisir les historiens qui rendent compte de leurs missions. J'ai entre les mains le journal historique de la mission ouverte à Montpellier le 11 mars, et fermée le 30 avril 1821 (de l'imprimerie de Bonnet, à Avignon).

Il est approuvé par M. l'évêque de Montpellier, « ce qui doit être, dit l'éditeur, un garant assuré de « l'exactitude et de la vérité incontestable des faits qui « y sont rapportés. »

Ce récit n'en est pas moins un tissu d'assertions dangereuses, de détails puérils et d'anecdotes ridicules.

On y déclare que tout protestant est nécessairement damné, à moins qu'il ne se trouve par hasard un protestant tellement séparé de la société des hommes, qu'il lui soit impossible de se procurer aucune lumière sur la vérité de sa religion; « dans ce cas, suivant M. l'abbé « Guyon, missionnaire, il serait permis de croire que « Dieu *pourrait peut-être* sauver cet homme simple, « alors seulement qu'il lui aurait été impossible *tout à* « *fait* de connaître la seule religion véritable. »

Fallait-il, dans une ville qui renferme autant de protestans, toucher une matière aussi délicate? Fallait-il faire d'une classe de citoyens un objet d'horreur pour leurs concitoyens, et ranimer ainsi des germes de haine et d'animosité?

« Dans le cours de la mission, dit l'auteur du journal

M. l'évêque d'Hermopolis nous assure qu'à mesure que le clergé se multiplicra, et qu'il

« historique, on plaça la statue de la mère de Dieu sur « un autel; on se consacra à son service en promettant « de l'aimer, de l'ADORER, de la servir, et de lui res- « ter toujours fidèle. »

Comment M. l'évêque de Montpellier a-t-il pu approuver ce mot ADORER. Aurait-il oublié ce précepte de l'Ecriture : *Dominum tuum adorabis, et illi soli servies;* et ce passage de saint Epiphane : *Sit in honore Maria, sed pater filius et spiritus sanctus adorentur,* MARIAM NEMO ADORET. (Hœres., 79.)

S'il est vrai que plusieurs personnes aient entendu appliquer à la Sainte Vierge ces paroles solennellement chantées, VENITE ADOREMUS, voilà donc messieurs les missionnaires convaincus d'hérésie.

Je ne veux pas relever ici toutes les fautes de la langue, toutes les constructions bizarres, toutes les images ridicules qui déshonorent ce journal; mais on pourra en prendre une idée dans les deux citations suivantes. L'auteur, voulant décrire la marche pompeuse des fidèles ramenant, d'une forêt voisine, l'arbre destiné à faire une croix, dit :

« M. Guyon avait demandé 8 divisions de 200 hom- « mes chacune; il *s'y* trouva à l'esplanade plus de 15 « mille personnes qui voulaient être *admises* à porter la « croix. Cavalerie, tambours, musique du 15e régi- « ment, plus de six mille filles vêtues en blanc, deux « mille femmes vêtues en noir.... Les oriflammes, flot- « tant dans les airs, formaient un coup-d'œil ravissant.

y aura un nombre suffisant de pasteurs, on pourra voir successivement diminuer le nombre des missionnaires; et Son Excellence paraît se reposer avec satisfaction sur cet espoir.

---

« Il semblait qu'une zone azurée s'était détachée du firmament. » »

Plus loin, le missionnaire journaliste décrit la procession au cimetière :

« On y voyait de jeunes filles toutes vêtues de blanc, « ayant leur tête ornée de rubans noirs, en signe de « deuil, grand nombre de femmes, une infinité d'hom- « mes en habit de deuil.... Là, plusieurs jeunes acoly- « tes, revêtus de leurs aubes blanches, folâtraient, « couraient après de petits insectes et des papillons qui « voltigeaient sur les tombeaux. »

Quelle gravité !

« Les missionnaires, continue le journaliste, prêchè- « rent si fortement contre les spectacles et la danse, « qu'aux fêtes du baptême de M. le duc de Bordeaux, « les spectacles *gratis* furent déserts, les orchestres « *placés* sur les *places* furent totalement abandonnés. »

Les missionnaires avaient donc aussi prêché contre la musique? Voilà vraiment un zèle bien entendu, surtout au jour consacré à la célébration de la naissance de l'enfant royal qu'on a surnommé *à Deo datus*. Ce qui pourrait me faire croire que M. l'évêque de Montpellier n'a pas approuvé ce journal, c'est qu'on lui prodigue les louanges les plus hyperboliques, et sa modestie se serait probablement refusée à les consacrer de sa propre signature.

Mais nous allons voir bientôt que les curés ne sont guère plus instruits, plus sages que les missionnaires.

D'ailleurs, les missionnaires ne bornent point leurs saintes excursions aux campagnes qui manquent de pasteurs. Paris, Rouen n'en manquent point, et l'on peut en dire autant de toutes les villes où les missionnaires se sont répandus.

Si les pasteurs manquent dans les campagnes, la faute n'en est-elle pas aux chefs du clergé eux-mêmes? Chose étrange! on veut bien être missionnaire, jésuite, directeur de séminaire, professeur, inspecteur ou recteur d'académie, grand-vicaire, prédicateur, confesseur *in partibus;* mais se faire curé de campagne, fi donc!

Eh, pourquoi les missionnaires qui prêchent dans les grandes villes, au lieu de s'obstiner à évangéliser des gens qui refusent de les entendre, n'iraient-ils pas, sous le chaume, partager le pain du pauvre, essuyer ses larmes, et lui donner les consolations de la religion? Il me semble que cette œuvre serait aussi méritoire qu'une autre.

Mais l'amour-propre, l'ambition, qui se glissent si facilement dans le cœur des jeunes gens, donnent d'autres conseils; on veut se produire dans le monde, briller dans les chaires, et s'avancer dans les voies de la fortune; car tout le monde n'est pas humble, modeste et désintéressé. L'éclat des dignités, le charme du pouvoir et des richesses ont des enivremens auxquels les hommes ne résistent pas toujours. J'en appelle à monseigneur d'Hermopolis lui-même.

Quelle jouissance pour un jeune lévite, tout fraîchement débarqué du séminaire, de se voir tout à coup transformé en docteur de la loi, de passer des bancs de sa classe dans la chaire évangélique, de se voir écouté, loué, recherché, salué dans les petites villes où il va prêcher et catéchiser! Tous les pays ne ressemblent point à Rouen. Il en est où l'arrivée du missionnaire est une grande fête, une grande nouvelle; on l'attend avec impatience; on vole au-devant de lui; les dames surtout se distinguent par leur empressement; et si le jeune missionnaire est grand, bien fait, d'une figure agréable, s'il chante bien, son triomphe est assuré. Quelle satisfaction pour lui de ranger sous une bannière les jeunes filles de la ville, de marcher au milieu d'elles en triomphateur, de s'associer à leurs chants. Je connais une ville où les dames ont donné leur cœur au missionnaire, les unes plus grand, les autres plus petit : celles-ci en vermeil, celles-là en argent ou en ivoire, et tous ces cœurs ont été suspendus à la croix de la mission (1).

Son Excellence prétend que les missions ne sont point une nouveauté, parce qu'elles existaient autrefois. Mais quand un grand intervalle sépare le temps passé du temps présent, ce qui jadis était une chose vulgaire, devient ensuite une nouveauté. On a vu autrefois des évêques, le casque en tête, la lance à la main, courir les camps, se mettre à la tête de la grande mission des croisades, et assommer saintement les infidèles. Que dirait-on aujourd'hui d'un évêque qui prendrait le casque et la cuirasse pour aller, sous les ordres du colonel Fabvier, guerroyer dans la Grèce, ou, sous ceux d'Ismaël Pacha, combattre pour Mahomet? On a vu autrefois des troupes de dévots baladins transformer, en parades de la foire, les saints mystères de notre foi, et, suivant l'expression de Boileau :

> Très-sottement zélés en leur simplicité,
> Jouer les saints, la Vierge, et Dieu par piété.

---

(1) A Montpellier, le peuple détela les chevaux de la voiture des missionnaires, et s'y attela. Quel triomphe!

Que dirait-on si l'on venait aujourd'hui reproduire ces saintes farces sur nos boulevards? On a vu encore brûler pieusement des Juifs, des sorciers, des hérétiques; on en expédia beaucoup sous François Ier, le père des lettres. Sous le règne même du bon Henri IV, quatre cents sorciers furent impitoyablement mis au feu à Bordeaux par le conseiller de Lancre. Si l'on recommençait aujourd'hui ces cruels auto-da-fé, M. l'évêque d'Hermopolis dirait-il que ce n'est pas une nouveauté?

M. d'Hermopolis, grand-maître de l'Université, a dû faire de bonnes études; je serais tenté de croire cependant qu'il a un peu négligé sa logique.

Au reste, Son Excellence abandonne bientôt ce sujet pour s'occuper de plus graves considérations; elle jette les yeux sur l'épiscopat: frappée des vertus qu'elle y trouve, elle s'écrie que, dans aucun temps de la monarchie, en remontant à son origine, pour redescendre de siècle en siècle jusqu'à nos jours, on ne trouve à aucune époque, pas même au siècle de Louis XIV, où brillaient les Bossuet et les Fénélon, un épiscopat comparable à celui que la France a le bonheur de posséder aujourd'hui, un épiscopat dont les membres soient plus véritablement pasteurs, plus dévoués au bien de leur troupeau, plus assidus à le visiter, pour le consoler et l'instruire, plus désintéressés, plus accessibles à tous, animés d'un zèle plus sage, plus éclairé, plus compatissant.

« Non, messieurs, dit M. le ministre des « affaires ecclésiastiques, je ne crois pas qu'à « aucune autre époque de notre histoire, je « dirai même que les annales d'aucune autre « nation aient présenté quatre-vingts pontifes « à la fois plus irréprochables, plus faits pour « mériter l'estime et le respect des fidèles. »

On ne saurait assurément consacrer à la gloire de nos prélats un éloge plus absolu. Comment critiquer une pareille apologie? je n'oserais l'entreprendre. Toutefois, quelle que soit l'admiration de M. l'évêque d'Hermopolis pour la partie du clergé dont il est membre, je lui demanderai grâce pour l'épiscopat du dix-septième siècle. J'aurais de la peine à me persuader qu'il fut moins parfait qu'aujourd'hui, lorsque saint Vincent de Paul présidait le conseil de conscience. Je tiens en ce moment l'*Oraison funèbre de Louis XIII*, par le célèbre évêque de Vence Ant. Godeau, et j'y lis un éloge des pasteurs de son temps non moins honorable pour le clergé de France que celui de M. d'Hermopolis.

« Il y a des rois, dit l'orateur, qui ont fondé « plus d'églises et de monastères que Louis « XIII; mais en trouverons-nous un qui, en « si peu de temps, ait donné aux églises de « plus dignes pasteurs? Faites le tour de la « France, et nommez-moi flatteur si vous ne « trouvez (pourvu qu'on m'ôte du nombre) « des évêques tels que l'ancienne discipline « les demande dans tous les siéges qui ont va- « qué sous son règne. Aimer mieux donner « des mitres à des personnes inconnues pour « employer leurs vertus qu'à des serviteurs « pour récompenser leurs services, n'est-ce « pas véritablement régner pour Dieu? »

Quels noms illustres se présentent aussi dans le corps des évêques sous Louis XIV! Je demanderai à M. l'évêque d'Hermopolis qu'il veuille bien nous montrer, dans le siècle présent, quelque Bossuet, quelque Fénélon, quelque Fléchier, un Massillon, ou quelqu'autre prélat égal en savoir au célèbre évêque d'Avranches (1). Je veux bien faire le sacrifice de

(1) Combien de noms illustres ne pourrais-je pas joindre à ceux que je viens de citer!

JEAN-PIERRE CAMUS, évêque de Belley à vingt-six ans,

mes souvenirs, de certaines anecdotes anciennes et nouvelles, de quelques notions particu-

---

sacré dans sa cathédrale, par saint François de Sales. Après vingt ans de travaux apostoliques, il se retira à l'hôpital des Incurables, à Paris, et y mourut en 1652. Il avait refusé deux évêchés beaucoup plus riches que le sien, Arras et Amiens. On lui doit l'*Esprit de saint François de Sales*, la *Vie de saint Norbert*, *Moyens de réunir les protestans à l'Eglise romaine*.

Gabriel de l'Aubespine, évêque d'Orléans, dont Henri IV et Louis XIII employèrent utilement les lumières et les conseils. Il est auteur d'un ouvrage rempli d'érudition, *De veteribus ecclesiæ ritibus*.

Charles Vialart, feuillan, évêque d'Avranches, mort en 1644. Auteur de la *Géographie sacrée*.

François Hallier, de Chartres, docteur et professeur de Sorbonne, évêque de Cavaillon en 1656, l'un des hommes les plus savans de son siècle dans les matières ecclésiastiques. On a de lui un *Traité sur la hiérarchie*, des *Commentaires sur les règlemens du clergé de France, touchant les réguliers*, ouvrage qui l'engagea dans de vives disputes avec les jésuites; un *Traité des élections et ordinations*, in-f°, chef-d'œuvre de savoir, de méthode et de clarté, et qui lui valut une pension du clergé de France.

François Bosquet, évêque de Lodève, puis de Montpellier, mort en 1676. Il a écrit la vie des papes qui ont résidé à Avignon, et le savant Baluze en a donné une nouvelle édition. Mais le livre qui le recommande davantage est l'histoire de l'Eglise gallicane, depuis Jésus-Christ,

lières, pour n'avoir sur ce sujet aucun différend avec M. d'Hermopolis. Il me serait

---

et la prédication de l'Evangile dans les Gaules, jusqu'à Constantin. Cet ouvrage, écrit en latin, est très-recherché. L'épitaphe de ce prélat donne la plus haute idée de ses vertus :

*Gregem verbo et exemplo sedulò pavit, largus erga pauperes, sibi parcissimus, omnibus benigmus.*

François de Harlay, archevêque de Rouen, puis de Paris, si célèbre par son zèle pour la conversion des protestans, ses synodes, ses conférences de morale, et l'honneur qu'il eut de présider plus de dix assemblées du clergé. Louis XIV lui préparait le chapeau de cardinal, quand il mourut subitement d'une attaque d'apoplexie.

André de Saussay, évêque de Toul, auteur du *Martyrologium Gallicanum*, entrepris par ordre de Louis XIII. Mort à quatre-vingts ans, en 1675.

Jean Plantavit de la Pause, né à Nîmes. Après avoir abjuré le protestantisme, il devint grand-vicaire du cardinal de Larochefoucauld, aumônier de la reine d'Espagne Elisabeth de France, et ensuite évêque de Lodève. Ses connaissances étaient très-vastes; il savait toutes les langues orientales; on lui doit un dictionnaire hébreu.

Charles Duplessis d'Argentré, docteur de Sorbonne, évêque de Tulle. Ses ouvrages annoncent un fonds d'érudition qu'on ne retrouve plus aujourd'hui. Malgré ses occupations épiscopales, il travaillait sept heures par jour.

Jules Mascaron, fils d'un célèbre avocat d'Aix, héritier de l'éloquence de son père. Il remplit à la cour douze stations, sans qu'on se lassât jamais de l'entendre. De l'é-

difficile cependant de ne pas lui demander par quelle cause singulière la vertu, le savoir et toutes les autres vertus épiscopales se trouvent de préférence parmi les parens et les amis

---

vêché de Toul il passa à celui d'Agen. Il gagna les calvinistes par la douceur de ses mœurs, le charme de ses conférences; et de trente mille qu'il avait trouvés dans la province, il n'en laissa que deux mille en mourant. Tout le monde connaît ses oraisons funèbres. Ses vertus égalaient ses talens. Il était le père des pauvres, et fonda un hôpital dans sa ville épiscopale.

Henri-François-Xavier de Belzunce, évêque de Marseille, le héros de la religion et de l'humanité, durant la contagion qui désola cette malheureuse ville. Pope a célébré son courage et ses vertus dans son *Essai sur l'homme;* son admirable charité a trouvé aussi en France un chantre éloquent et sensible. Ne cachons point ici qu'il avait été jésuite.

De quelque profonde admiration que soit pénétré M. l'évêque d'Hermopolis pour le savoir et les vertus de l'épiscopat actuel, je doute qu'il puisse opposer un tableau égal à celui que contient cette note très-abrégée. Je connais cependant un prélat d'un très-grand mérite, d'une haute vertu, d'une profonde érudition; mais on l'a relégué dans les Landes: peut-être n'est-il pas de la congrégation. J'accorde à M. d'Hermopolis la scrupuleuse observation de la résidence parmi nos évêques; mais des gens plus malins que moi ont remarqué qu'à la dernière procession du jubilé, on remarquait trois cardinaux et vingt-deux archevêques ou évêques: c'est presque le tiers de l'épiscopat.

de MM. les ministres ? Comment les apôtres, tous sortis des classes les plus communes du peuple, ne trouvent aujourd'hui de remplaçans que dans la noblesse ? car peu d'hommes du tiers siégent aujourd'hui sur les trônes épiscopaux ; je lui demanderai si les exigences des sessions à la Chambre des pairs se concilient bien avec la résidence obligée des évêques dans leur diocèse, et si quelques lettres pastorales qui ont fait tant de bruit depuis quelque temps, sont écrites dans cet esprit de bonté, de charité qui distinguait éminemment les Charles Borromée, les François de Sales, les Fénélon ? Je connais des ecclésiastiques qui sont comparables, pour la pureté de leurs mœurs et la sainteté de leur vie, aux prélats les plus vertueux, qui les surpassent en science, en esprit, en talent, et qui probablement n'auront jamais l'avantage d'être élevés aux honneurs de l'épiscopat.

M. d'Hermopolis nous dit bien que le choix des évêques est sévèrement et librement discuté dans le conseil ; mais il ne dit point de quelle manière se compose la liste des candidats, sous quelle influence elle se rédige, ce qu'il faut faire et à qui il faut plaire pour y être inscrit.

Il ne conteste pas, de la part de plusieurs élus, quelques démarches *peu mesurées*, un *zèle un peu vif*, des exigences trop sévères *pour la mollesse* de nos mœurs; mais ces démarches peu mesurées ne lui en paraissent pas moins *très-louables* en elles-mêmes; ce zèle un peu vif n'est vif, suivant lui, qu'en apparence; ces exigences obtiendraient tous ses éloges si nos mœurs étaient meilleures. Ne désespérons de rien : si nos mœurs se perfectionnent, les excommunications, les affiches aux portes des églises, les refus de sacrement, les pénitences publiques, les flagellations des pénitens reprendront leur cours comme par le bon temps, car monseigneur trouve cela *très-louable*.

« D'ailleurs, dit Son Excellence, dont la « douce mansuétude ne prend jamais le ton « affirmatif, *si c'étaient là des taches*, n'i- « raient-elles pas se perdre dans l'éclat de « tant de belles vertus? »

Son Excellence demande si l'on voudrait faire un crime aux évêques de la magnificence de leurs ornemens sacrés, de la pompe des cérémonies religieuses auxquelles ils président. On répond à monseigneur que jamais qui que soit n'a eu l'intention de se plaindre de l'éclat de nos cérémonies saintes, parce qu'il se rapporte tout entier à Dieu et non aux hommes ; et quoique Dieu, dans sa gloire immense, n'ait pas besoin du luxe de nos fêtes, nous devons cependant l'honorer par tous les moyens qui sont en notre pouvoir, et que nous jugeons les plus propres à exprimer nos sentimens. Monseigneur demande encore si nous serions tentés de faire un sujet de reproches aux princes de l'Eglise du faste de leurs titres, de la richesse de leurs palais. Je lui répondrai encore que non, à cause *de la mollesse de nos mœurs;* mais si elles redevenaient ce qu'il paraît désirer qu'elles fussent, toute cette pompe humaine disparaîtrait, monseigneur ne serait plus monseigneur, sa demeure ne serait plus un palais, le stalle qu'il occupe à l'église ne serait plus un trône, *Sa Grandeur* deviendrait une humble *Révérence.*

Ne nous plaignons pas trop de la mollesse des mœurs; je vois qu'on s'en accommode assez bien. Il est doux d'être voituré en carrosse, servi par de nombreux laquais, d'avoir à sa cuisine un maître-d'hôtel, des chefs d'office, à sa porte une sentinelle, et même quelques gendarmes en avant de sa voiture. Les titres d'*excellence*, de *monseigneur*, de *prince* chatouillent agréablement l'orgueilleuse faiblesse de notre cœur.

Son Excellence désire-t-elle savoir pourquoi *le zèle un peu vif, les exigences un peu sévères, les démarches peu mesurées* dont elle a parlé ont excité tant de réclamations, causé tant de surprise et de scandale, c'est que le peuple croit s'apercevoir que les auteurs de ces pieux écrits veulent bien de la mollesse des mœurs pour eux, mais n'en veulent point pour les autres.

Son Excellence cite l'exemple de saint Charles Borromée et de Fénélon, dont la douce simplicité ne s'offensait pas d'habiter un palais; mais l'un transformait souvent le sien en hospice pour les pauvres, et l'autre en hôpital pour les soldats. Quand nos évêques nous donneront cet exemple, personne ne s'offensera de les voir dans des palais; tous les fidèles feront des vœux pour que ces palais s'agrandissent; et cela vaudra un peu mieux que d'exclure de sa table les ecclésiastiques nés dans le tiers-état, comme le faisait un célèbre évêque de France.

Rien n'est plus convenable pour un évêque que de louer l'épiscopat; mais il faut de la mesure en tout : l'hyperbole a ses trahisons, et c'est ne rien prouver que de trop prouver.

Après ces courtes observations sur la partie du discours de Son Excellence qui se rapporte à l'épiscopat, voyons ce qu'elle dit de cette portion du clergé que l'épiscopat lui-même appelle noblement le *bas clergé*. Son Excellence nous assure d'abord qu'elle est d'autant plus éloignée de vouloir le dédaigner, qu'elle a commencé elle-même par exercer les fonctions du ministère au sein d'agrestes montagnes, assez retardées encore pour ce qu'on appelle la civilisation.

Son Excellence établit ensuite la distinction que nous avons faite précédemment, entre l'ancien et le nouveau clergé, les vieillards, qu'on respecte partout, et les jeunes gens, dont on se plaint presque partout.

Que reproche-t-on donc à ces jeunes gens? M. d'Hermopolis réduit toutes les plaintes à deux points principaux, *des prédications violentes contre des choses qu'ils regardent comme des abus, et qui sont souvent très-innocentes*, et *le désir de s'emparer exclusivement des mariages et des registres de l'état civil.*

Pour les justifier sur ces deux points, M. le

ministre des affaires ecclésiastiques expose qu'il y a en France au moins vingt-quatre mille curés ou succursalistes; qu'il est impossible qu'ils soient tous également parfaits; qu'ils ont leurs défauts comme les autres hommes; que ces défauts peuvent s'aggraver par les torts de l'éducation. M. l'évêque d'Hermopolis, dont l'honorable penchant est de tout adoucir, convient néanmoins que ce jeune clergé n'est pas ce qu'il devrait être; qu'il manque d'instruction et de charité; qu'à peine sorti des écoles ecclésiastiques, on l'envoie gouverner des paroisses; que privés de l'avantage de se former, comme autrefois, aux exemples et aux leçons de curés vénérables, les jeunes pasteurs ouvrent leurs livres de doctrines, et que quelquefois ils peuvent s'arrêter à *la lettre, qui tue*, au lieu de *suivre l'esprit, qui vivifie.* M. d'Hermopolis en conclut qu'il ne faut pas s'étonner de trouver quelquefois dans leur conduite un peu de cette vivacité qui tient au caractère, à des mécontentemens particuliers, et souvent à la fausse position où ils se trouvent. Dans un si grand nombre de prêtres, il est presque impossible, dit-il, qu'il n'échappe pas quelquefois à quelques-uns d'entre eux des paroles indiscrètes et des écarts *d'un zèle qui n'est pas toujours selon la science.* Son Excellence observe que c'est le propre de la jeunesse d'être, dans ses fonctions, plus sévère que la vieillesse; que cet excès de sévérité tient à un sentiment qui l'honore; que le temps seul adoucit cette chaleur de sentiment; que l'indulgence est une vertu qui ne s'apprend bien que par l'expérience.

Son Excellence nous engage donc à attendre; l'âge viendra mûrir leur esprit, adoucir leur caractère, et tempérer la rigueur de leurs principes. « Encore quelques années, dit-elle, « et ces rangs intermédiaires qui séparent la « jeunesse de la vieillesse se trouveront rem- « plis. »

Cette partie de l'apologie du clergé était la plus difficile; elle est aussi la plus faible. Il est triste, pour les campagnes et les petites villes, de se voir condamnées, pour un temps considérable, à n'avoir pour pasteurs que des jeunes gens qui n'ont trouvé dans la famille où ils sont nés, ni ces principes, ni cette éducation, ni ces exemples qui exercent sur la vie une si douce et si précieuse influence. Tirés eux-mêmes des campagnes, ils y rapportent presque toujours les habitudes et les goûts qu'ils y avaient contractés; étrangers à la société, ils la fuient; sortis des bancs de l'école pour monter dans la chaire de vérité, ils s'étourdissent de leur nouvelle fortune; et jetés sur un terrain inconnu, sans autre guide que leurs livres, incapables de les interpréter, ils s'attachent de préférence, comme le dit très bien Son Excellence, à la lettre, qui tue, plutôt qu'à l'esprit, qui vivifie.

J'ai vu des curés refuser le baptême à des enfans, parce que leurs parens n'avaient pas été mariés avec les cérémonies religieuses. La raison qu'ils en donnaient, c'était que le père et la mère n'ayant pas reconnu l'Eglise, l'Eglise ne devait pas les reconnaître. D'autres ont, dans leurs prônes, déclaré les mariages civils nuls, les époux concubinaires, et leurs enfans bâtards; d'autres ont refusé la sépulture, sous les prétextes les moins graves et sur de simples soupçons de jansénisme; d'autres se montrent inabordables sur le prix du casuel; et parce que de malheureux paysans ne peuvent payer la taxe qu'ils leur imposent pour les marier, ils refusent de bénir leur union, sauf à les traiter ensuite de concubinaires. On leur a tant parlé de *l'impiété brutale* qui règne dans les campagnes, que leurs discours ne respirent que la violence et la menace. L'enfer et ses supplices, voilà le texte habituel de leurs sermons (1).

Ce n'est pas seulement du vice de leur éducation première que provient le mal, c'est encore du vice de l'éducation qu'ils ont reçue dans les séminaires. Ils y arrivent connaissant à peine les premiers élémens de la langue latine; on leur met entre les mains quelques traités de théologie qu'ils n'entendent pas; on les leur interprète comme on peut; on ne prend aucun soin de leur expliquer l'état actuel de la société; on enflamme leur imagination par des lectures plus propres à les égarer qu'à les instruire; on les pénètre des doctrines ultramontaines; on leur met entre les mains les journaux ecclésiastiques où ces doctrines sont professées; leurs supérieurs font eux-mêmes des livres dans le même esprit (2). On ne se

---

(1) Ces imprudentes prédications jettent le trouble dans la société; et déjà, dans quelques villes, les dames mariées à l'église ne veulent plus de communication avec les concubinaires.

(2) C'est surtout à Lyon que les doctrines ultramontaines sont enseignées avec le plus de ferveur; et M. d'Hermopolis connaît mieux qu'un autre les ouvrages de M. Béthan, supérieur du séminaire de cette ville.

donne aucun soin de concilier les anciennes instructions pastorales, les anciens rituels avec l'état actuel de la société et de l'Eglise; et ces jeunes prêtres, bornés dans leurs idées et dans leur savoir, vont gouverner des paroisses où ils trouvent un maire, un juge de paix, un notaire instruits de choses qu'ils ignorent; et ne pouvant soutenir avec eux la petite lutte qui s'élève sur des matières politiques, littéraires, historiques, ils perdent la considération dont jouissaient autrefois les curés quand ils étaient plus savans que leurs paroissiens.

Ainsi, l'éducation ecclésiastique se trouve dans l'état le plus imparfait, quand elle devrait être portée au plus haut degré de perfection. M. l'évêque d'Hermopolis est ministre des affaires ecclésiastiques; ces objets le regardent, et l'on doit espérer qu'il s'en occupera.

C'est sans doute une considération de peu d'importance que la forme des habits, la coupe d'une soutane, les dimensions d'un chapeau; mais pourquoi s'attache t-on, dans les séminaires, à donner aux jeunes lévites un costume qui les rapproche de celui des frères ignorantins, qui leur donne un air d'étrangeté dont le peuple se fait un sujet de dérision, quelquefois même d'irrévérence. Des ecclésiastiques ont été mal accueillis dans les rues : l'auraient-ils été, s'ils eussent été vêtus d'une manière moins opposée aux habitudes et aux mœurs actuelles? Il me semble qu'il n'y a pas assez de mérite dans les bords et la gance d'un chapeau pour qu'on ne puisse lui donner une forme plus humaine, et sauver à ceux qui le portent les désagrémens qu'il leur fait trop souvent éprouver.

Notre situation est vraiment fâcheuse : d'un côté, monseigneur nous fait espérer que le nombre des missionnaires diminuera quand le nombre des curés sera augmenté; et, d'un autre côté, il nous assure que de long-temps nous n'aurons de bons curés. Ainsi, nous voilà réduits ou à des missionnaires dont *le zèle n'est pas selon la science*, ou à des curés qui s'attachent *à la lettre, qui tue*, plutôt qu'à l'esprit, qui vivifie.

Voyons maintenant le second reproche qu'on fait au clergé inférieur de vouloir tenir exclusivement le registre de l'état civil, et disposer arbitrairemet des mariages.

M. d'Hermopolis pose ici les principes. Les registres de l'état civil peuvent être confiés également ou à des fonctionnaires laïques ou à des fonctionnaires ecclésiastiques; le gouvernement les avait autrefois confiés aux curés, l'Assemblée législative les leur retira. « La loi, dit M. d'Hermopolis, est parfaitement libre d'en charger qui elle veut. » Son Excellence assure donc que ce n'est pas là ce que le clergé peut revendiquer comme sa propriété.

Mais autrefois les lois civiles et les lois ecclésiastiques étaient d'accord sur le mariage; les empêchemens *dirimans* établis par l'Eglise, étaient également reconnus par l'autorité civile; les deux puissances se prêtaient un mutuel secours. Son Excellence croit qu'il résulterait un grand bien du rétablissement de cet ancien ordre de choses; elle voudrait qu'aucun mariage entre catholique ne pût avoir lieu sans être consacré par un acte religieux.

Il faudrait donc être marié à l'église, en présenter le certificat, avant de pouvoir être inscrit sur le registre de l'état civil? Mais le bras séculier voudra-t-il prêter son appui à la puissance spirituelle, contraindre les consciences, et forcer les époux à un acte purement religieux, et qui, de sa nature, doit être parfaitement libre? ou faudra-t-il rendre au clergé le registre de l'état civil pour les mariages seulement, et l'investir pour ce cas seul d'un pouvoir temporel d'une force coactive (1)?

Ne vaudrait-il pas mieux employer la persuasion que la violence? Sans doute les cérémonies de la religion ont quelque chose de saint et d'auguste : cette foi jurée aux pieds des

---

(1) Un de nos journaux vient de citer un fait qui, s'il est vrai, jette un grand jour sur la question :

« Un cultivateur savoyard de la commune de Coulonges-sous-Monthoux, à trois lieues de Genève, vivait depuis plusieurs années dans son village, avec une femme protestante du canton de Genève; leur mariage avait été célébré dans une commune genevoise, avec toutes les formalités prescrites par les lois. Rien ne semblait devoir troubler la tranquillité dont jouissait ce couple honnête et laborieux, lorsqu'une escouade de carabiniers royaux, munie d'un ordre du sénat de Chambéry, est venue le 2 juin saisir le mari dans son domicile, et le conduire comme un malfaiteur dans la prison de Saint-Julien, chef-lieu de la province, à l'effet d'y subir dix jours de détention pour avoir vécu avec sa femme sans avoir fait consacrer son mariage conformément aux lois de l'Eglise. Après ces dix jours, il lui en est donné deux pour se faire marier par son curé, à défaut de quoi il sera poursuivi comme concubinaire. »

Est-ce là ce que demande M. d'Hermopolis? Rappelons-nous bien sa phrase : il veut qu'on trouve un moyen d'empêcher qu'aucun mariage, quel qu'il soit, ne puisse avoir lieu en France sans être consacré par un acte religieux.

autels, cet anneau conjugal béni au nom du Ciel, ces prières, ce saint sacrifice offert en présence de la famille rassemblée dans le temple, sont plus propres à faire impression sur le cœur des jeunes mariés, que la formule aride par laquelle l'officier civil les déclare unis en mariage. Mais cette touchante cérémonie exercerait-elle la même influence, aurait-elle le même charme si elle était forcée? Les curés ne marient pas gratuitement; et comme ils ne sont point riches aujourd'hui, pour se dédommager de leur pauvreté, ils portent leurs droits très-haut. Peut-on forcer les fidèles à un acte qu'on fait payer?

J'ai vu des curés animés d'un esprit vraiment évangélique, bénir tous les mariages de leurs paroissiens qui n'étaient inscrits que sur le registre de l'état civil; mais ils ne demandaient aucun honoraire; ils parlaient le langage d'un pasteur qui chérit son troupeau, et toutes les ouailles accouraient à sa voix, les fidèles venaient aux pieds des autels recevoir avec empressement sa bénédiction. Cela vaut mieux que de déclarer leurs enfans bâtards, et de vouer les pères aux supplices de l'enfer, comme l'ont fait quelques curés animés d'un zèle qui *n'était pas selon la science.*

M. d'Hermopolis déclare qu'il n'entend faire aucune proposition, qu'il n'émet qu'un vœu; mais il est ministre, et la bonne foi du ministère est tellement suspecte, qu'il faut se défier sagement de tout ce qui vient de lui. On a fait à M. d'Hermopolis une très-forte objection; on lui a dit : « Il faut laisser à chacun « son libre arbitre, et ne pas exposer les fi- « dèles à la profanation d'un sacrement. » Il a répondu : « Que, dans ce cas, la profanation « viendrait de l'homme, et non de la chose « elle-même; que la connaissance anticipée « qu'avait le Sauveur du monde de l'audace « impie des profanateurs ne l'a pas empêché « d'accomplir ses vues de miséricorde sur le « genre humain; que le législateur doit s'é- « lever au-dessus des considérations privées, « pour n'envisager que le bien général; l'E- « glise catholique ordonne des jeûnes, des « abstinences, fait une loi de la communion « pascale, et qu'il ne faut cependant pas ac- « cuser la sagesse de ces lois, parce qu'il peut « en résulter des sacriléges. » Puis, s'animant tout à coup d'un saint courroux, il s'écrie : *Malheur au profanateur!* C'est-à-dire qu'importe qu'un homme se perde pour l'éternité, pourvu que la loi subsiste. Ces paroles sont-elles épiscopales, sont-elles évangéliques, sont-elles chrétiennes? Monseigneur, malgré sa mansuétude, a donc ses petits instans de colère? La législation de l'Eglise doit-elle ressembler à la législation des hommes? n'est-elle pas toute de bienfaisance et de charité? et n'a-t-on pas étrangement abusé de ce principe, que *le législateur ne doit envisager que le bien général?* C'était la maxime favorite de la Convention nationale, c'était au nom du *bien général* que le sang coulait sur les échafauds. Jésus-Christ nous a offert ses sacremens comme des grâces émanées de sa miséricorde pour le bonheur et le salut du genre humain; il n'a pas chargé la puissance temporelle de contraindre les hommes à les recevoir. Si l'Eglise a établi des jeûnes, des abstinences, si elle a fait une loi de la communion pascale, elle ne s'est point adressée à l'autorité civile pour obliger les fidèles à s'abstenir, à jeûner, à communier.

J'avais déjà remarqué peu de logique dans quelques raisonnemens de M. le grand-maître; ici j'y trouve peu de charité, et c'est bien pire.

Je sais bien qu'autrefois les choses ont pu se passer ainsi; mais la discipline d'autrefois n'est plus celle d'aujourd'hui. Monseigneur demande aussi un tribunal ecclésiastique pour ces sortes de matières, c'est-à-dire le rétablissement des officialités. C'est une question trop importante pour être traitée ici; il est probable qu'elle se reproduira à quelque prochaine session; il sera temps alors de l'examiner.

Ici, M. l'évêque d'Hermopolis s'arrête; et satisfait de ce qu'il a dit sur l'état actuel du clergé, il entreprend d'examiner ses doctrines. Suivons-le dans cette nouvelle discussion. La matière va devenir importante et sérieuse, car elle amènera la solution d'un problême qui agite aujourd'hui tous les esprits: *Les jésuites sont-ils rétablis en France?*

Si la question est résolue affirmativement, le ministère, dont M. l'évêque d'Hermopolis est membre, sera frappé d'une déconsidération générale et méritée, car il sera démontré qu'il a manqué de bonne foi, qu'il a souffert ce qu'il devait empêcher, qu'il a dit pendant quatre ans la chose qui n'était pas, et choisi pour arriver à ses fins des voies méprisables, par cela même qu'elles sont tortueuses.

Avant que la révolution déployât ses fureurs sur les deux premiers ordres de l'Etat, qu'elle portât ses violences et sa tyrannie sur la Constitution et les doctrines du clergé de France, en attendant que des meurtriers frappassent de leurs massues la tête des évêques et des pasteurs les plus vénérables, et que les prisons fussent inondées du sang des martyrs, il n'y avait qu'une foi, qu'une doctrine dans l'Eglise gallicane, et cette foi, ces doctrines étaient révérées du monde chrétien tout entier. Les libertés de cette Eglise, l'une des plus anciennes du monde, s'étaient transmises d'âge en âge, de pasteurs en pasteurs; elles régnaient paisiblement dans la France, florissaient dans ses conciles, se perpétuaient dans les écoles, jusqu'au jour où les différends de la cour de Rome avec Louis XIV forcèrent ce prince à réunir le clergé pour leur donner une nouvelle vie et les exprimer sous la forme courte et précise de quatre propositions.

Tous les évêques concoururent avec un zèle vraiment français à la rédaction de cet acte solennel; et comme l'indépendance et les droits de la couronne étaient formellement intéressés dans cette mémorable déclaration, Louis-le-Grand voulut qu'elle devînt loi de l'Etat, qu'elle fût enseignée dans toutes les écoles de théologie, qu'on ne pût obtenir de grade dans l'Université qu'en jurant de suivre et de maintenir les doctrines qu'elle renfermait. Ce n'était point une innovation; ces maximes remontaient à la naissance du christianisme en France; elles avaient été enseignées et soutenues dans tous les siècles. Il suffit, pour en être convaincu, de la plus légère connaissance de l'histoire de France.

Buonaparte, en rouvrant les temples, en ranimant de ses cendres le reste de l'antique Eglise de France, en contractant une nouvelle union avec le Saint-Siége, n'oublia pas ces libertés, et voulut qu'elles fussent, comme auparavant, enseignées dans les écoles de l'empire, et regardées comme une partie essentielle du droit public, comme un des fondemens de l'autorité royale. Jamais, sous son usurpation, la paix de l'Eglise ne fut troublée par des doctrines opposées.

Comment s'est-il donc fait que, depuis la restauration, ces antiques doctrines aient été attaquées avec une violence anti-chrétienne, que l'ultramontanisme, repoussé depuis dix-huit siècles de notre Eglise, s'y soit introduit avec audace, qu'il ait été enseigné dans les écrits publics, prôné dans des séminaires, répandu dans des journaux ecclésiastiques, protégé par des évêques, et que le ministre de l'intérieur ait été *berné* (qu'on me pardonne ce mot) par quelques-uns d'entre eux, pour leur avoir recommandé l'enseignement des quatre articles du clergé de France dans leurs séminaires?

Comment est-il arrivé que les défenseurs de ces antiques libertés aient été insultés, outragés, déclarés hérétiques par des fanatiques descendus du sommet des Alpes pour se jeter dans nos paisibles provinces?

Nous avons vu l'auteur d'un livre intitulé *du Pape*, enseigner sans contradiction que le Saint-Père est souverain de toute la terre, de toutes les nations; que les peuples opprimés peuvent recourir à lui pour déposer leurs tyrans. Nous avons lu dans son ouvrage la formule qu'il propose à ces peuples pour obtenir du Saint-Siége l'expulsion de leurs rois, et l'absolution de leur serment de fidélité. Nous l'avons lu, nous l'avons indiqué; il a été reproduit dans des feuilles périodiques, et l'autorité a gardé un profond silence.

Quelles extravagantes propositions ne sont pas sorties de la tête fumante et de la plume incendiaire de M. l'abbé de La Mennais! C'est un grand écrivain, sans doute, et je suis le premier à reconnaître l'admirable énergie avec laquelle il s'exprime : mais ne la pousse-t il pas un peu trop loin ? Qu'on en juge par le trait suivant. Veut-il répondre à M. de Montlozier : « Si cet homme, dit-il, n'a pas eu « toute la profondeur de combinaison que je « lui suppose, cela m'est égal, *l'enfer l'aura* « *pour lui.* »

Ce mot seul en vaut mille, et suffit pour peindre l'homme. Quelle étrange contradiction! Ces écrivains se donnent pour éminemment catholiques : à les entendre, ils sont les seuls fils de l'Eglise, et ils ne présentent à leur prochain que l'enfer, et ils se font une joie féroce de les y voir plongés. Ce spectacle les fait tressaillir de plaisir.

Qui le croirait? Ils veulent y précipiter jusqu'à Bossuet, ce Père de l'Eglise de nos temps modernes! Le supérieur d'un séminaire écrit sérieusement qu'il faut douter de son salut s'il n'a pas rétracté avant sa mort la doctrine des quatre propositions.

Nous vivons au milieu de forcenés qui se donnent pour des apôtres. Notre jeune clergé s'élève au milieu des clameurs de ces énergumènes, et l'on veut avoir des pasteurs sages, patiens, charitables, capables, par leurs douces vertus, de ramener au bercail les brebis qui s'en sont séparées? Voyons quels moyens l'obligeante charité de M. d'Hermopolis emploiera pour excuser ces écarts.

Sa Grandeur commence par établir que le chef de l'Eglise est le pape, ce qui n'est point contesté; elle ajoute que tous les évêques *y tiennent par le fond même de leurs entrailles*, ce qui est assurément très-permis. Cette doctrine est de foi, et personne n'élève de doute à ce sujet.

« Mais à côté des matières de foi s'élèvent, « dit-il, des questions *purement théologi-* « *ques* qui n'ont pas été fixées d'une manière « irrévocable par l'Eglise, c'est-à-dire par l'é- « piscopat uni à son chef le pontife romain. » Ce sont, suivant M. le grand-maître, de *simples opinions* qui, quelque respectables qu'elles puissent être, ne forment pas des articles de foi; *elles sont abandonnées aux disputes de l'école;* « et c'est ici, ajoute M. le « grand-maître, que commence la différence

« entre les ultramontains et les gallicans. »

Sa Grandeur expose la doctrine de l'Eglise gallicane, les principes contenus dans la déclaration du clergé de France, et convient qu'elle fut approuvée, quand elle parut, par tous les évêques de France; que le Saint-Siége en témoigna quelque mécontentement, mais qu'il ne l'a jamais flétrie d'aucune censure.

Elle convient encore que, depuis l'édit de Louis XIV, les quatre articles devinrent la règle de l'enseignement théologique dans les Facultés, qu'il ne fut pas permis de professer publiquement le contraire, que jamais il ne vint à la pensée des jeunes ecclésiastiques de soutenir les opinions opposées; qu'ils les étudiaient, mais pour les combattre. Aujourd'hui tout est changé; et la révolution est devenue si forte, que tout récemment les évêques ont cru devoir arrêter le mal en renouvelant leur adhésion à la déclaration du clergé de 1682.

M. d'Hermopolis va nous expliquer l'origine de ce changement. Ses premiers reproches tombent sur les jurisconsultes et les magistrats. Egarés par un zèle outré pour l'autorité royale, ils ont poussé à l'excès les doctrines de l'Eglise gallicane, et laissé percer des *intentions vagues* d'affaiblir le lien de l'unité, au risque de nous jeter dans le schisme. Cette tendance a commencé à jeter l'alarme dans l'Eglise.

« A la suite de ces jurisconsultes et de ces « magistrats sont arrivés ces innombrables fa- « bricateurs d'écrits impies et séditieux qui, « répandus sur toute la surface de la France, « ont préparé cette grande catastrophe *ap- « pelée, par excellence, la révolution.*

« Avec la révolution vinrent ces insensés « qui se mirent dans l'esprit de refondre le « clergé tout entier, et de lui donner une « Constitution civile qui portait atteinte à ses « droits les plus sacrés. »

M. d'Hermopolis assure que ce fut au nom de nos libertés gallicanes que fut proclamée cette Constitution désastreuse ; il parle des malheurs qui frappèrent ensuite le clergé, de l'enlèvement du souverain pontife, de sa mort à Valence, et demande si de pareils excès étaient bien propres à faire chérir les libertés de l'Eglise gallicane.

Je répondrai incessamment à cette question; mais il faut avant laisser M. d'Hermopolis achever son ouvrage, et nous révéler les causes qui, suivant lui, ont exterminé du sol de France les libertés de son Eglise pour y substituer l'ultramontanisme.

On sait ce que Buonaparte entreprit pour relever l'Eglise de ses ruines, et rétablir un épiscopat légitime. Buonaparte s'adressa au Saint-Père. « Alors, dit Son Excellence, pa-« raît un acte solennel d'après lequel notre « Eglise est bouleversée toute entière. Ce n'é-« tait que l'effet d'une dictature passagère dont « le pape crut devoir s'investir pour remédier « aux maux presqu'irréparables de l'Église gal-« licane; mais c'était le plus grand acte de la « puissance pontificale qui eût été fait depuis « dix-huit siècles; c'était une violation com-« plète de toutes nos maximes, de tous nos « usages. A mon avis, ce fut un chef-d'œuvre « de sagesse, parce que c'était le seul moyen « de guérir tous nos maux. Mais, encore une « fois, ce n'est qu'en foulant aux pieds nos « usages et nos libertés que le concordat a pu « s'établir. »

Bientôt, imitant le Directoire, Buonaparte fait arracher le pape de son trône sacré, le fait traîner en France, l'y retient cinq ans dans une dure captivité, et Buonaparte se disait *à cheval sur les quatre articles.*

Quel effet devait-il résulter de tant d'excès

commis par les auteurs de la Constitution civile du clergé, commis par le Directoire, commis par Buonaparte, et de la violation complète de nos maximes et de nos libertés?

M. d'Hermopolis y voit la cause évidente du changement de doctrines survenu dans le jeune clergé. « Faut-il s'étonner, dit-il, que « les maux causés par les excès des partisans « de nos libertés aient laissé des impressions « profondes dans un clergé encore jeune, qui « n'a connu ces libertés que par l'abus qu'on « en a fait, et par le mémorable et salutaire « exemple du sacrifice qu'on a été obligé d'en « faire pour relever la foi catholique parmi « nous. »

Puis, se servant d'une comparaison dont la justesse ne frappera peut-être pas tous les yeux, il rappelle qu'après la révolution, les mots de *liberté* et d'*égalité* étaient tombés dans le mépris, et devenus un objet d'horreur; on n'y voyait que les crimes affreux qu'on avait commis sous leur nom : ainsi le jeune clergé se souleva au nom de *libertés de l'Eglise gallicane*, et n'y vit que l'emprisonnement de Pie VI, la captivité de Pie VII, et tous les excès commis envers les prélats et les prêtres fidèles à leur conscience, par les fanatiques auteurs de la Constitution civile du clergé. « Mais, dit M. d'Hermopolis, le temps « adoucit tout; et de même qu'aujourd'hui les « mots de *liberté* et d'*égalité légale* n'inspi- « rent plus de frayeur à personne, ceux de *li-* « *bertés de l'Eglise gallicane* se réhabilite- « ront avec le temps, et nos jeunes ecclésias- « tiques finiront par les prononcer sans hor- « reur. » Au reste, monseigneur nous avertit que les maximes de l'ancien clergé de France sont enseignées dans toutes les écoles, et que les élèves que l'on y forme n'ont pas d'autres livres que ceux qu'on mettait autrefois entre les mains des jeunes théologiens. Tout est donc assez bien; et pourvu que nous ayons un peu de patience, nous pouvons nous flatter d'avoir, dans quelques trentaines d'années, des curés passables, des théologiens gallicans, et de voir disparaître les missionnaires.

Voici pourtant quelques observations que je me permettrai de faire à M. d'Hermopolis.

Il établit d'abord que les doctrines du clergé de France ne sont que de simples opinions abandonnées aux disputes de l'école, et qu'on peut indifféremment soutenir ou combattre.

Je sais très-bien que cette doctrine n'est pas de foi catholique, apostolique et romaine;

mais il est une foi politique dont aucun sujet du prince, aucun citoyen français ne saurait s'écarter sans félonie. L'Eglise est dans l'Etat : voilà un principe que M. le grand-maître professe certainement comme nous. Or, pour que l'Eglise soit admise dans l'Etat, il faut que ses dogmes et sa foi s'accordent avec les droits du prince, et ne puissent porter aucun trouble dans ses domaines. Il faut que ses membres obéissent aux lois, et non pas qu'ils les imposent au monarque ou à la nation. Ces simples opinions abandonnées, suivant M. d'Hermopolis, à la dispute de l'école, ont donc plus d'importance qu'il ne leur en accorde, et le gouvernement ne pourrait permettre un enseignement contraire à cette foi politique, sans manquer aux soins qu'exige sa propre conservation et celle du peuple qu'il gouverne. Il a le droit ou d'obliger les professeurs de théologie à enseigner l'indépendance de sa couronne, ou de les interdire. Aucun d'eux n'aurait à se plaindre s'il leur disait : « Vous êtes mes sujets; reconnaissez mes lois, ou retournez là où l'on vous a enseigné à ne pas les reconnaître. »

M. d'Hermopolis a donc trop de bonté pour l'école, quand il lui abandonne ces opinions.

J'ai, d'un autre côté, peine à croire que

l'éloignement du jeune clergé pour nos anciennes libertés provienne de ses souvenirs et des impressions fâcheuses que lui ont laissées le zèle outré des magistrats, les maux sortis de la Constitution civile du clergé, de l'enlèvement de Pie VI, de la captivité de Pie VII, et de la violation des maximes de l'Eglise gallicane à l'époque du concordat de Buonaparte. Trente-cinq ans se sont écoulés depuis l'établissement de la Constitution civile du clergé, vingt-huit depuis l'enlèvement de Pie VI, vingt-quatre depuis le concordat, et il est bien difficile de penser que des ecclésiastiques de trente ans aient reçu à cette époque, et conservé depuis, des impressions assez fortes pour prendre en si grande aversion les libertés gallicanes; car ou ils n'étaient pas nés, ou ils avaient à ces diverses époques huit ans à douze ans; ils vivaient dans leur village auprès de leurs parens, dont ils partageaient les travaux rustiques, et s'occupaient probablement très-peu de matières ecclésiastiques et théologiques.

D'ailleurs, est-il vrai que ce fut au nom des libertés de l'Eglise gallicane que les auteurs de la Constitution civile du clergé se livrèrent à cette désastreuse entreprise? Que M. d'Hermopolis consulte ses souvenirs, qu'il se rappelle les noms de ceux qui composèrent à cette époque le comité ecclésiastique. Le fougueux Camus, le fougueux Treilhard, qui votèrent l'un et l'autre la mort de l'infortuné Louis XVI, avaient-ils besoin d'autre mobile que de leur fanatisme révolutionnaire, pour porter les désordres de la révolution dans le clergé?

Ce fut au nom de la liberté républicaine, et non point au nom des libertés de l'Eglise gallicane, que le pape Pie VI fut, en 1798, arraché de son palais, et que le Directoire lui fit déclarer par le général Berthier qu'il avait cessé de régner. L'arbre qu'on avait planté la veille, le mouvement populaire excité sous prétexte de venger la mort du général Duphot, destiné à épouser une des sœurs de Buonaparte, indiquent suffisamment la cause de ces excès, sans y faire intervenir les libertés de l'Eglise gallicane. Il fallait toute l'obligeance de M. d'Hermopolis, et la finesse de son coup-d'œil, pour les y découvrir.

On a, suivant Son Excellence, foulé aux pieds toutes les libertés de l'Eglise gallicane, en établissant le concordat de 1801; et cette action est, suivant lui, un chef-d'œuvre de sagesse. Mais n'aurait-on pas aussi violé tous les principes de l'ancienne discipline ecclésiastique? n'aurait-on pas foulé aux pieds jusqu'aux doctrines sacrées de l'institution des évêques? le pape n'aurait-il pas excédé ses pouvoirs? La petite Eglise le prétend; et quoique trois vénérables ecclésiastiques de Montpellier, attachés à cette petite Eglise, aient été traités d'hérétiques et d'excommuniés par les missionnaires du pays, beaucoup de personnes persistent encore à les respecter.

Si la violation de la doctrine du clergé de France par le pape a paru à nos jeunes ecclésiastiques un signe de mépris de sa part, et s'ils ont cru, en bons catholiques, devoir s'associer à ce mépris du Saint-Siége, ne serait-il pas à craindre aussi qu'ils contractassent un égal mépris pour les lois de l'Eglise générale, que de savans théologiens et de vertueux évêques prétendent avoir aussi été violées par le concordat de 1801? Qu'est-ce d'ailleurs qu'un jeune clergé qui tient si peu de compte d'un acte qu'un grand évêque tel que M. d'Hermopolis regarde comme un *chef-d'œuvre de sagesse?*

Buonaparte, dit M. d'Hermopolis, *était à cheval sur les quatre articles.* Il était à cheval sur beaucoup d'autres choses; il y était sur tout ce qui se rapportait à son autorité; il y était sur ses pièces de canon, avec lesquelles il bravait toutes les autres foudres. Six cents mille hommes bien armés étaient le premier de ses argumens. Ce n'est pas le mot de *Buonaparte*, peu connu jusqu'à ce jour, qui a fait tourner à l'ultramontanisme nos jeunes théologiens.

Parlons ici sans détour. Ils professent les opinions qu'on leur a données, car ils n'ont ni assez de mémoire ni assez d'instruction pour fonder leurs doctrines sur le passé. M. d'Hermopolis les gratifie de trop de sensibilité : il fallait toutes les ressources de son esprit obligeant et conciliateur pour trouver l'origine de l'ultramontanisme dans les sources qu'il nous a indiquées. Si les jeunes théologiens avaient de bons maîtres; si on écartait de leur enseignement les ouvrages qui prêchent l'ultramontanisme; si M. de Mestre, M. de Bonald, M. de La Mennais n'étaient pas prônés comme des Pères de l'Eglise; si les journaux ecclésiastiques étaient rédigés dans un meilleur esprit, l'ultramontanisme disparaîtrait bientôt. Il n'existait qu'un seul journal où les doctrines de l'Eglise gallicane étaient savamment défendues. Quel encouragement a-t-il reçu? Les nouvelles écoles ecclésiastiques s'y sont-elles abonnées? Monseigneur le ministre des affaires ecclésiastiques lui a-t-il accordé la plus légère protection, le moindre encouragement? Non. *La France catholique*, après avoir honorablement parcouru une carrière de douze mois, dégoûtée de l'inutilité de ses efforts, s'est retirée de l'arène où elle s'était jetée avec un courage digne d'un meilleur sort.

Je sais que Son Eminence n'aime pas non plus le journal de M. de La Mennais : elle s'en est expliquée assez franchement dans l'Assemblée des députés. Elle blâme son impétuosité ; sa candeur et sa bonne foi même sont pour elle des sujets d'effroi. Mais M. de La Mennais a le mérite rare de se montrer tel qu'il est, d'annoncer ce qu'il veut, de se livrer souvent même aux mouvemens impétueux de l'esprit qui l'agite et le domine. Il ressemble à ces anciens jacobins qui ne se montraient jamais que le bonnet rouge en tête et le bâton noueux à la main. S'ils parlaient, ce n'était pas du miel qui coulait de leurs lèvres, mais la menace et le blasphème ; s'ils écrivaient, ce n'était pas de l'eau rose qui sortait de leur plume, mais de l'eau-forte. On savait à qui l'on avait affaire. De son côté, M. de La Mennais se plaint de M. d'Hermopolis : il le presse, il le harcèle ; il accuse ses lenteurs, sa circonspection, ses ménagemens, qu'il appelle quelquefois des trahisons. Mais en le gourmandant avec acrimonie, on croit s'apercevoir qu'il le traite plutôt en soldat méticuleux, en traîneur de l'armée, qu'en véritable ennemi.

Je ne veux point percer les secrets d'un ministère qui, tous les jours, épaissit le voile dont il enveloppe ses opérations ; mais, à en juger par ce que l'on aperçoit, ce que l'on entend, il est bien difficile de ne pas se persuader que tout ne soit subordonné à une seule pensée, à un seul projet que l'on n'ose point avouer, et dont le mot vient pourtant d'être révélé à la tribune : LE RÉTABLISSEMENT DES JÉSUITES. Voyons ce que va nous en dire M. d'Hermopolis.

## DES JÉSUITES.

Quand on est né en 1755, et que l'on n'a que soixante-dix ans, on est bien jeune pour parler des jésuites ; il faudrait en avoir au moins quatre-vingts pour en garder quelque souvenir, et quatre-vingt dix pour se faire quelque idée de leur ancienne splendeur. Je n'ai connu d'eux que l'arrêt qui les proscrivait. Mais M. d'Hermopolis est encore plus jeune que moi ; il n'a que soixante ans. Il ne saurait donc nous dire ce qu'étaient autrefois les jésuites; mais il nous apprendra ce qu'ils sont aujourd'hui, et c'est quelque chose.

J'ai souvent entendu dire à quelques braves gens dont la tête est un peu plus que mûrie par les années : *Si nous avions eu le bon esprit de conserver les jésuites, la révolution ne serait pas arrivée.* Mais ce mot ne venait pas d'eux ; car ils n'avaient pas vu les jésuites plus que moi.

Cependant, il a fait fortune parmi les têtes de la même force ; et l'on a dit : *Ayons vîte des jésuites pour empêcher une nouvelle révolution.* Qui sait même si avec leur aide nous ne pourrons pas détruire l'ouvrage de la révolution, et revenir au point où nous étions? Hélas ! ces bonnes têtes ne songeaient pas que la Parque tenait ses ciseaux ouverts sur le peu de cheveux blancs qui leur restait, et que, dans tous les cas, ils ne jouiraient guère des bienfaits des jésuites. Qu'importe ? on s'est procuré des jésuites, on les a établis en fraude, on les a soigneusement cachés en attendant le jour où l'on pourrait crier : *Victoire! vic-*

*toire! nous avons des jésuites!* Le soleil qui devait éclairer ce beau triomphe s'est levé le 26 mai dernier; et tandis qu'il montait glorieusement sur son cercle lumineux, monseigneur le comte de Frayssinous, pair de France, évêque d'Hermopolis, grand-maître de l'Université, ministre des affaires ecclésiastiques, montait à la tribune pour chanter *osanna*.

Quand les jésuites entreprirent, au seizième siècle, de s'établir en France, l'Université s'opposa de toutes ses forces à leur admission. Le temps change les choses : aujourd'hui, c'est le grand-maître de l'Université qui proclame leur joyeux avènement; mais c'est un héraut modeste dont la trompette ne rend que des sons doux et caressans.

Son Excellence commence par nous annoncer qu'elle ne s'est point présentée à cette tribune pour approfondir tout ce qui concerne la célèbre compagnie de Jésus. Il faudrait des heures et des volumes; mais on est effrayé en France du retour de cette insigne société; et Son Excellence se propose de prouver qu'on doit être sans crainte à cet égard. Nous allons voir sur quoi cette assurance est fondée.

Son Excellence nous apprend qu'il existe en France trente-huit colléges royaux et soixante colléges communaux; ce qui n'est pas trop pour trente millions de sujets; mais elle a soin d'ajouter qu'il faut compter encore plus de huit cents institutions ou pensions particulières. Cependant, comme ces pensions et institutions particulières sont tenues d'envoyer leurs élèves aux colléges royaux et communaux, il s'ensuit que nous n'avons réellement que quatre-vingt-dix-huit établissemens pour l'instruction de tous les jeunes Français destinés à étudier. Le clergé possède quatre-vingts séminaires, et au moins cent écoles ecclésiastiques préparatoires, ou petits séminaires; c'est-à-dire quatre-vingt-deux établissemens plus que la France toute entière.

Sous quelles mains se trouvent ces colléges et ces séminaires? M. d'Hermopolis nous assure qu'il n'est pas un seul collége royal, pas un seul collége communal, pas une seule pension particulière qui soit dans les mains de ces hommes *si redoutables* qu'on appelle *jésuites*. Tous ces établissemens sont exclusivement sous l'autorité de l'Université, et plus ou moins sous la dépendance du conseil royal et du ministre de l'instruction publique.

Mais, dit monseigneur d'un ton plein de confiance, *combien y a-t-il de grands sémi-*

*naires qui soient sous la main des jésuites?* car c'est là principalement qu'ils peuvent égarer la jeunesse, et la façonner à leur doctrine.

*Combien sur quatre-vingts?*—Pas un seul. — « Mais sur cent petits séminaires? — Mes« sieurs, il y en a sept. Voilà donc à quoi se « réduit cette grande influence que l'on attri« bue aux jésuites sur l'éducation. Ils n'ont ni « plus ni moins que sept maisons. »

Monseigneur ajoute que ce n'est pas une bulle du pape, que ce n'est pas un ordre de leur général qui leur a donné la direction et l'enseignement de ces sept maisons, mais les évêques; ce sont les évêques qui ont rappelé les jésuites en France, et ces jésuites sont sous la dépendance de l'ordinaire, et ils peuvent être renvoyés, comme ils l'ont déjà été par l'évêque de Soissons.

Quel est donc le motif de tant d'alarmes? sept petits séminaires dirigés chacun par six ou sept jésuites, peut-être, menaceraient-ils le repos de la France? Cette puissante monarchie, dont les armées ont fait trembler toute l'Europe, tremblerait-elle devant quarante ou cinquante jésuites? Craindrait-elle d'être conquise, d'être asservie sous leur puissance, comme autrefois le Paraguai? Les catholiques français, hommes et femmes, auraient-ils peur qu'on ne leur donnât la discipline à la porte de l'église quand ils auraient manqué de venir à la grand'messe, comme faisaient au Paraguai les jésuites, qui ont toujours beaucoup aimé à donner la discipline (1)? M. d'Hermopolis les rassure sur tout cela. Les jésuites n'ont que sept maisons; il ne dit pas si l'on y donne le fouet (ce qui ne peut guère manquer d'arriver, puisque saint Ignace se le faisait donner à trente-trois ans, dans le collége de Barcelone, ainsi que le rapporte le Père Bouhours, écrivain éloquent et véridique de ce grand saint). Mais M. d'Hermopolis nous assure positivement que dans ces petits séminaires, fondés par des évêques, on n'enseigne rien qui ait le moindre rapport aux études ecclésiastiques, mais seulement les humanités, le grec, le latin, les sciences profanes.

---

(1) Ce goût particulier pour la flagellation a été très-bien décrit dans un petit ouvrage devenu assez rare, et composé par un célèbre magistrat; il est intitulé *de l'Orbilianisme des jésuites*.

On sait qu'Orbilius était un pédant de Rome qui administrait l'instruction à ses élèves avec la verge encore plus qu'avec ses leçons, et qu'Horace l'a décoré de l'épithète de *plagosus*.

Monseigneur pouvait ajouter la musique, la danse, les armes; quelques personnes ajoutent même les évolutions militaires et le chargement du fusil en douze temps. On y est tellement éloigné de toute étude théologique, qu'en sortant de ces petits séminaires, Son Excellence est sûre qu'aucun élève ne saurait dire en quoi consistent les libertés de l'Eglise gallicane, et ce que c'est que l'ultramontanisme. Monseigneur, qui probablement est très-brave, s'étonne donc qu'on puisse avoir tant de peur du retour des jésuites.

Mais la question ne se réduit point à cela; et moi, qui suis peut-être aussi brave qu'un évêque, je me sens un peu disposé à partager la sollicitude publique, non pas à cause des jésuites, mais parce qu'il est triste de vivre dans un Etat où les lois peuvent être impunément violées et méprisées.

M. d'Hermopolis convient que les jésuites sont à la tête de sept maisons d'éducation, masquées sous le nom de *petits séminaires*. Le nombre ne fait rien à l'affaire; qu'il y en ait une seule, c'est assez pour justifier les réclamations qui s'élèvent de toutes parts.

Nos lois ont exilé les jésuites. Elles ont défendu aux individus membres de cette société de rentrer en France sans y être autorisés. Elle en a reçu plusieurs après le bannissement général ; mais c'étaient des hommes de mérite, des ecclésiastiques vertueux, dont les talens pouvaient encore rendre des services à l'Eglise, des sujets soumis, des esprits sages, auxquels jamais l'autorité n'a eu aucun reproche à faire. J'en ai connu quelques-uns, et j'ai, comme tout le monde, plaint leurs malheurs, et honoré leurs vertus.

Mais ils ne rentraient point en France comme jésuites ; ils n'en portaient point l'habit ; ils n'en prenaient pas le nom ; ils ne traitaient pas de *hurons* et *d'iroquois* ceux qui leur donnaient un généreux asile, comme l'a fait tout récemment un disciple de saint Ignace, dont j'ai déjà parlé. Ils n'avaient pas de maison commune, de chef-lieu d'ordre, comme les jésuites d'aujourd'hui. M. l'évêque d'Hermopolis, dans son discours tout plein de charité et d'obligeante adresse, a oublié de nous parler de Mont-Rouge ; c'était sur ce chef-lieu particulièrement que devait, si je ne me trompe, porter son attention. Mais il est permis à un orateur d'user de quelques figures de rhétorique, et la réticence en est une très-officieuse.

M. le ministre des affaires ecclésiastiques nous dit que ce sont les évêques qui ont appelé les jésuites : mais les évêques sont donc au-dessus des lois, ils peuvent donc faire ce que ne pourrait le gouvernement lui-même sans une loi ? Les évêques ont eu besoin d'une loi et d'une ordonnance pour établir des sœurs blanches à Arras, et des sœurs de la Visitation à Amiens, et ils se croient dispensés d'autorisation pour établir dans leur diocèse un ordre banni du royaume ! Rien de plus innocent que des *sœurs blanches* et des *visitandines ;* nul édit du roi, nul arrêt du Parlement ne les ont exilées de France ; ces bonnes sœurs n'ont jamais fait parler que le perroquet chanté par le jésuite Gresset. La compagnie de Jésus a plus d'importance ; et quoique les capucins en aient beaucoup moins, je doute qu'aucun évêque osât ériger une capucinière dans son diocèse, sans une loi ou au moins une ordonnance. Nulle raison pour qu'on ne rétablisse pas aussi les *jésuitesses,* car elles existaient autrefois (1).

---

(1) Elles avaient des maisons en Italie et en Flandre ; elles suivaient la règle des jésuites ; et quoique leur ordre n'eût point été approuvé par le Saint-Siége, elles avaient

Mais M. l'évêque d'Hermopolis est membre du conseil des ministres : les ministres sont-ils établis pour violer les lois ou pour les maintenir? Comme ministre des affaires ecclésiastiques, M. d'Hermopolis est investi du droit de surveiller les évêques pour le temporel: comment ne leur a-t-il pas représenté qu'ils excédaient leurs pouvoirs, qu'ils n'avaient pas plus le droit de rappeler un ordre banni que d'en fonder un nouveau; qu'en rappelant les jésuites ils usurpaient la puissance civile, et soumettaient évidemment le spirituel au temporel? N'est-il pas vraisemblable que cette conduite des évêques convenait assez à MM. les

---

plusieurs établissemens auxquels elles donnaient le nom de *colléges*. Elles ne gardaient pas de clôture, se mêlaient de prêcher, et faisaient les *jésuites* en tout point. C'étaient deux dévotes qui, excitées par le Père Gérard et quelques autres jésuites de Flandre, avaient fondé cet ordre. Elles avaient en très-peu de temps réuni plus de deux cents jésuitesses. Le pape Urbain VIII fut obligé de les supprimer en 1630.

Il ne faut pas confondre avec les jésuites les *jésuates*, espèce d'ordre de mendians qu'on appelait ainsi, parce qu'ils avaient sans cesse le nom de *Jésus* à la bouche. On les appelait aussi *Pères de l'eau-de-vie*, parce qu'ils en fabriquaient de très-bonne, dont ils ne se refusaient pas la dégustation.

ministres? et l'on aperçoit dans les ménagemens de M. d'Hermopolis une certaine inclination pour les Révérends Pères de la compagnie de Jésus.

Je ne veux point pousser les soupçons trop loin : mais lorsque M. d'Hermopolis fut nommé grand-maître de l'Université, beaucoup de personnes qui aiment à se perdre dans le champ des conjectures, se persuadèrent que Sa Grandeur n'était placée là que comme un précurseur, et pour aplanir les voies à de nouveaux instituteurs; elles ne regardaient l'administration de M. d'Hermopolis que comme un *interim* qui ferait place incessamment à un autre ordre de choses. Si l'on examine ces conjectures avec quelqu'attention, on ne sera pas éloigné de s'en rapprocher. Le silence du ministère, la protection accordée à tout ce qui venait de Mont-Rouge, le soin pris de vanter les jésuites dans toutes les feuilles ministérielles, tout en accusant de mensonge les écrivains qui signalaient leur retour, les voies frauduleuses employées pour les fortifier au moment même où l'on niait leur existence, tout cela jetait sur le ministère une apparence d'imposture et de fausseté qui s'est justifiée par le discours de M. d'Hermopolis.

M. d'Hermopolis nous assure que, sur cent petits seminaires, sept seulement, pas un de plus, sont entre les mains des jésuites. Monseigneur ignorait-il qu'au moment où il prononçait son discours, il se formait un nouvel établissement de jésuites à Vaucresson, lieu charmant à quelques distances de Versailles, où Buonaparte tenait ses meutes de chasse? Monseigneur pourrait-il nous dire aussi à quel petit séminaire appartiennent les jésuites que j'ai vus dans le jardin des Tuileries, avec leur costume, et le bonnet à trois cornes si célèbre autrefois? Si les jésuites n'existent que là où les appellent les évêques, voilà donc M. l'archevêque de Paris argué de jésuitisme?

J'ai lieu de croire que M. d'Hermopolis attribue dans cette affaire plus d'influence aux évêques qu'il n'appartient; ce ne sont pas les évêques seuls qui appellent les jésuites; ils n'oseraient même pas les appeler, s'ils n'étaient encouragés secrètement par une puissance supérieure qui, jusqu'à présent, n'a pas jugé à propos de se montrer. On a dit, et le fait serait facile à vérifier, que les jésuites avaient acquis (et l'on sait de quelle manière ils acquièrent) la maison de campagne du collége de Louis-le-Grand. Monseigneur n'aurait pas dû avoir assez de complaisance et d'abandon pour nous dire de quelle manière cette cession, cet échange ou cette acquisition s'est faite, car monseigneur est chef de l'Université, et rien n'a dû se faire sans ordre ou sans permission.

L'Université était autrefois dans une guerre ouverte avec les jésuites; il serait assez curieux aujourd'hui de voir *jésuitiser* le chef de l'Université.

M. d'Hermopolis nous assure que, dans les sept petits séminaires livrés aux jésuites, on ne s'occupe que d'humanités, de grec, de latin, de sciences profanes, et nullement de religion et de théologie. Ce ne sont donc pas des *petits séminaires?* ce mot n'a donc été inventé que pour couvrir d'un voile religieux des institutions tout à fait étrangères à la religion? il y a donc déception dans ce titre? ce sont donc de vrais colléges sous une autre dénomination? Mais si ce sont des colléges, M. le grand-maître doit y faire percevoir des droits universitaires; il doit en nommer les professeurs, les proviseurs. Quelques renseignemens bien francs, bien sincères ne seraient pas déplacés ici.

Monseigneur ne nous dit point quel est le

nombre d'élèves qui se forment sous la direction des jésuites dans ces prétendus petits séminaires. Mais on peut s'en rapporter à M. de Bonald, qui, dans une brochure contre M. de Montlozier, les porte à dix mille. En réduisant le droit universitaire à 25 francs seulement, voilà donc 250,000 francs que M. d'Hermopolis ravit à son Université, pour les abandonner aux jésuites. N'est-ce pas pousser la charité un peu loin? car le ruineux état-major de l'Université ne diminuant point ses dépenses, il faut reporter ces 250,000 francs sur les colléges et les pensionnats qui n'ont pas l'avantage d'être dirigés par des jésuites.

Il n'y a que sept petits séminaires, pas un de plus, sous la main des jésuites. Mais comment concilier cette assertion avec la lettre du Révérend Père Fortis, général des jésuites, qui déclare positivement qu'il ne peut répondre aux demandes des évêques; qu'il fait des jésuites à force, et qu'il n'en a jamais assez? Les évêques dont M. l'évêque d'Hermopolis est le si fervent apologiste, ont donc un grand amour pour les jésuites? Et si cet amour persévère, et que le Père Fortis vienne à bout de faire autant de jésuites qu'il en faut, nous voilà donc menacés d'une invasion générale de jésuites dans toute la France!

Mais cela n'inspire aucune inquiétude à Son Excellence, elle nous l'a déclaré positivement; et si l'on a besoin de quelques gages de sécucurité, la nouvelle déclaration des évêques, quelque tronquée qu'elle soit, quelqu'artificieusement rédigée qu'elle paraisse à divers esprits un peu défians, ne nous suffit-elle pas? Le prince ne doit-il pas être tranquille pour sa couronne? et sa couronne une fois établie, le reste vaut-il qu'on s'en occupe?

Je sais qu'il est quelques vieilles têtes également dégarnies d'idées et de cheveux, qui, comme je l'ai dit, ne voient de préservatif contre les révolutions que dans les jésuites. Mais les jésuites ont-ils prévenu à Naples la révolution des carbonari? Ont-ils empêché le mouvement révolutionnaire du Piémont, il y a quatre ans? Et si, au lieu des armées françaises, le trône d'Espagne n'eût eu de secours que des jésuites, subsisterait-il aujourd'hui? Les Parlemens ont emporté les jésuites; la révolution a emporté les Parlemens; il n'était plus temps de s'y opposer quand elle est survenue; les jésuites n'avaient su ni la prévoir ni la combattre. Combien leur société était tombée à l'époque même où ils furent exilés de

France ! Ceux qui s'imaginent que l'ordre social se reconstituerait si l'éducation était confiée aux jésuites, sont dans une grande erreur ; car où sont leurs hommes de génie, leurs savans, leurs littérateurs ? Notre éducation actuelle ne saurait se contenter ni du *Petit pensez-y bien*, ni des *Méditations* du Père Buzée, ni des *Pia Hilaria* du Père Gazée, ni de *l'Eternité malheureuse et des supplices de l'enfer* du Père Drexelius, ni des *Abrégés* du Père Turselin, ni même du *Candidatus Rhetorices* du Père Jouvency, et du *Dictionnaire de physique* du Père Paulian, qui faisaient le fonds de l'instruction morale, littéraire et philosophique chez les Révérends jésuites.

Cependant des journaux complètement dévoués à ces Pères, s'évertuent depuis quelque temps à prouver que l'Université actuelle est impuissante pour former des sujets instruits et religieux ; *le Drapeau blanc* surtout soutient cette thèse avec beaucoup de zèle, et souvent avec des argumens assez spécieux. Plusieurs personnes en concluent que la reconnaissance n'est pas la vertu des jésuites, et que M. d'Hermopolis doit maintenant se repentir de son excès de charité pour eux ;

qu'il est impossible qu'il ne voie pas avec douleur ces mêmes hommes qu'il a prônés, prêts à le dépouiller de sa toge de grand-maître, à lui ravir les quatre Facultés qui forment son empire.

J'aime mieux croire que M. d'Hermopolis est tout résigné. On lui a dit : « Où sont vos ressources pour former des maîtres? quelle unité pouvez-vous donner à votre enseignement? » Si l'Ecole normale subsistait encore, M. d'Hermopolis aurait une réponse toute prête; mais elle ne subsiste plus, et ce n'est peut-être pas sans prévision que cette belle institution a été frappée de mort. Les sujets qu'on y instruisait, dira-t-on, avaient des principes qui ne convenaient point à l'époque. Il fallait les remplacer par d'autres sujets. Quelques professeurs tenaient au parti libéral. Il fallait leur substituer des maîtres attachés à la monarchie; les hommes habiles ne manquent point en France. La société des jésuites n'inspire aucune inquiétude à M. d'Hermopolis; après ces explications, je le crois; mais elle peut en inspirer à quelques personnes moins confiantes que M. d'Hermopolis; et s'il est vrai, comme l'a dit un célèbre avocat du seizième siècle, qu'au moyen des affiliations il ne faudrait pas s'étonner *de voir toute une ville jésuite*, les gardiens de nos lois peuvent bien concevoir quelque inquiétude du rétablissement de cet ordre, de l'accroissement de ses sujets, du zèle des évêques pour les ramener parmi nous (1); car autant de jésuites autant de sujets de plus pour le pape, autant de sujets de moins pour le roi. Je voudrais bien savoir quelles contributions ont été levées jusqu'à ce jour sur Mont-Rouge, sur Saint-Acheul et autres lieux.

M. de Bonald, dans l'écrit qu'il vient de publier en faveur des jésuites, a cité d'Alembert : qu'on me permette de citer, en représailles, J.-J. Rousseau. Voici ce qu'on lit dans une lettre de lui à M. de Montillet, archevêque d'Auch, au sujet de la suppression des jésuites :

« Il faut, dit-il, toujours en revenir au

---

(1) On raconte que quelques évêques ayant, il y a peu de temps, dit à M. d'Hermopolis, en présence de quelques profanes : *Monseigneur, quand Votre Excellence pourra-t-elle nous donner des jésuites?* Son Excellence posant un doigt sur sa bouche, dit à voix basse : *Chut! chut!* et à voix haute : *Ne parlons pas de jésuites; je ne puis accorder que des petits séminaires.* Le mot est-il vrai? Je ne l'ai point entendu.

fonds. L'institut est-il abusif ou ne l'est-il point? S'il ne l'est point, ceux qui l'ont jugé sont des hommes bien abominables ou bien aveugles; mais si l'institut est véritablement infesté des vices qu'on lui reproche, les magistrats pouvaient-ils s'empêcher de le proscrire?

« Les jésuites ont appelé à la raison des jugemens rendus contre eux : est-ce à celle de quelques fanatiques stupides, de quelques caillettes de province qui croient manquer leur salut en perdant des directeurs qui le leur promettaient à si peu de frais? Oh! les jésuites gagneront leur appel à ce tribunal. Mais si c'est à la raison de la postérité, à la raison des gens éclairés et indifférens, voici ce qu'ils diront :

« Les jésuites sont accusés de méconnaître « toute autre autorité que celle de leur géné- « ral. On les cite devant les tribunaux de la « nation, et ils ne s'y présentent pas; leur « contumace dispense de toute autre preuve. « Si vous appelez à la raison, il faut lui pré- « senter des pièces authentiques pour qu'elle « puisse prononcer sur votre appel. L'injus- « tice aurait prononcé! Je veux le croire; « mais l'équitable postérité qui tiendrait les

« pièces du procès vous aurait vengés de l'i-« niquité de vos juges. Que voulez-vous que « pense un homme de bon sens qui, dans un « siècle d'ici, voudra prononcer dans cette « grande affaire, et qui verra d'un côté des ac-« cusations juridiques discutées avec profon-« deur, de l'autre des libelles sans autorité et « sans preuves? Ici des officiers publics qui, « en pleine audience, à la face de tout l'uni-« vers, accusent les lois d'un ordre religieux, « et se rendent garans de la justice de l'accu-« sation, et là des auteurs anonymes qui in-« sultent les juges au lieu de défendre l'ac-« cusé? »

« S'il y a abus dans l'institution, qu'importe que Baronius, Duperron, Commendon, Polus aient loué cet institut? prouvez qu'il n'y a point d'abus, c'est là le procès. Quelle est l'erreur, soit en morale, soit en politique, qu'on ne pût se flatter de défendre avec une pareille méthode? Si les procureurs-généraux avaient accusé la société sur ce que ses ennemis ont dit d'elle, sur les témoignages des prélats qui ont condamné sa morale, vous auriez raison d'opposer suffrage à suffrage, autorité à autorité; telle attaque, telle défense. Mais vous manifestez étrangement la faiblesse de votre cause, lorsque vous ne me présentez que des éloges sans examen pour toute réponse à des chefs d'accusation si distinctement *courctés*, si fortement instruits, si profondément discutés.

« Quelle idée auriez-vous d'un accusé qui, étant traduit à la Tournelle pour crime de faux, lorsqu'on lui présenterait les pièces de conviction, ne dirait autre chose pour sa défense, sinon qu'il a toujours passé pour un honnête homme; que le seigneur et le curé de son village ont de l'estime pour lui, et que nombre de gens ont fait en différens temps l'éloge de sa probité? Voilà le corps du délit, lui dirait-on; prouvez que ces fausses signatures ne sont pas de vous, ou subissez la peine des faussaires.

« Cette manière de justifier les jésuites a cependant paru si commode à quelques évêques, qu'ils s'en sont tenus là. Il ne vous est pas seulement venu dans l'idée, messeigneurs, qu'en parlant après les autres, vous vous engagiez à répondre aux objections qu'on vous pouvait faire. Vous mettez tout à contribution, sans songer qu'on ferait pour le moins une aussi longue liste de grands hommes qui ont censuré l'institut.

« Ah! messeigneurs, il n'est pas de cœur français qui ne frémisse lorsqu'on vous verra mettre Henri IV au rang des panégyristes de la société (1). Quel roi! quelle mort! quels soupçons! Je ne puis y penser, moi qui ne suis point Français, mais qui suis homme, sans que mes entrailles se troublent.

« Que les papes aient fait l'éloge de la société, je n'en suis pas surpris : ce qui m'étonne, c'est qu'il s'en soit trouvé un seul qui ait condamné ses maximes. Avez-vous vu beaucoup de souverains faire le procès à leurs généraux pour avoir ravagé le pays ennemi?

« Vous ne cessez de crier que la religion est perdue si on vous enlève les jésuites. Savez-vous, messeigneurs, que vous faites là un fort mauvais compliment au clergé séculier de vos diocèses! Quelle si grande perte, après tout, faites-vous par le bannissement de ces Pères? Croyez-vous que nombre de vos prêtres ne vous feraient pas d'aussi bons mandemens? »

---

(1) Il n'est personne qui ne sache aujourd'hui que les paroles attribuées à Henri IV en faveur des jésuites, n'ont jamais eu lieu, que c'est une heureuse invention de ces bons Pères.

Ainsi parlait J.-J. Rousseau en 1764. Je n'entends pas donner a son autorité plus de poids qu'elle n'en mérite ; mais, enfin, elle vaut bien celle du philosophe d'Alembert et de l'athée Lalande, qu'on a produite en faveur de l'institut, en cachant toutefois ce que d'Alembert a dit de ces Pères un peu plus tard.

Jean-Jacques a raisonné juste quand il a dit que c'était sur des pièces juridiques, sur des faits, et non sur des opinions individuelles, qu'on pouvait établir des jugemens.

On a cru opposer aux détracteurs des jésuites une réponse accablante, en rappelant que les cœurs de Henri IV et de Louis XIII reposaient dans leurs églises. Voici ce qu'au dix-septième siècle l'Université de Paris, qui ne connivait pas alors avec Mont-Rouge, a répondu à cet argument; le Père Hereau, jésuite, venait alors de renouveler toutes les doctrines de l'ordre sur le régicide :

« Les cœurs de nos rois, qui seraient des « garanties pour les plus grands criminels, « vous feront un reproche public d'ingrati- « tude. Il sortira de leurs cendres une voix « qui vous condamnera hautement, et l'indi- « gnation de toute la France vous accusera

« d'avoir enseigné à attenter contre la per« sonne de nos rois, l'année même où Louis« le-Juste vous a honorés de ses précieuses « dépouilles. Que reste-t-il après cet acte « d'une noirceur monstrueuse, que de graver « les axiomes exécrables du Père Hereau sur « les mêmes marbres qui servent de monu« mens à deux de nos princes, et d'apprendre « à toute la postérité que vos casuistes ont « donné des leçons pour percer le cœur des « rois, au même temps que les rois vous don« naient leurs cœurs. »

Mais qu'importent tant de courageux écrits? Au bout d'un certain temps, la mémoire des faits s'efface, la poudre des greffes couvre les pièces juridiques, et voilà comme les jésuites nous sont revenus.

Écoutons le récit que nous fait M. d'Hermopolis du mystère de leur résurrection :

En 1800, deux ou trois prêtres que M. d'Hermopolis ne nomme pas, vinrent en France, et songèrent sérieusement à rétablir les jésuites : ils commencèrent par exercer leur ministère dans quelques hospices de Paris, c'est-à-dire par s'y introduire pour confesser les malades. Quels furent ces hospices? quelle autorité ecclésiastique leur permit ce ministère? M. d'Hermopolis ne le dit pas. Bientôt on jugea à propos de leur confier une maison d'éducation : M. d'Hermopolis ne dit point quel fut celui qui jugea ; mais il croit que ce fut à Lyon que les jésuites s'établirent d'abord. Ils s'étendirent peu à peu : c'est ce qu'ils manquent rarement de faire. Buonaparte le sut, et dit : *Laissons-les faire; la suite dira à quoi ils peuvent être bons.*

Buonaparte le pouvait dire; car sous son gouvernement, on ne bravait pas impunément les lois. Mais la suite ne fut pas favorable aux jésuites.

« En 1804, dit M. d'Hermopolis, je ne sais « quel mouvement de colère s'empara de Na- « poléon ; il rendit un décret pour supprimer « leurs maisons. Ce décret, parti d'une main « si puissante, ne fut pas exécuté ; des récla- « mations s'élevèrent de toutes parts. On *dé-* « *montra* que c'étaient des hommes paisibles « et pleins d'une rare capacité pour l'éduca- « tion de la jeunesse ; le courroux de Buona- « parte s'apaisa ; le cardinal Fesch lui-même « les demanda pour les établir dans son dio- « cèse. Ils continuèrent leurs fonctions d'ins- « tituteurs, et demeurèrent ainsi, durant trois « années encore, dans les différentes maisons

« où ils étaient établis. Mais tout à coup Buo-« naparte crut devoir ne plus leur permettre « d'enseigner; et cette fois, sans qu'aucun dé-« cret eût été rendu, ils furent avertis de se « séparer, et se séparèrent en effet. »

Telle est la première époque de leur renaissance. Mais il y a ici beaucoup d'observations à faire : ce récit est bien obligeant; et si l'on ne connaissait la candeur de M. d'Hermopolis, si l'on ne savait que son cœur a la simplicité de la colombe, on pourrait l'accuser de *jésuitiser* un peu.

Rétablissons les faits. Ce fut, en effet, à Lyon que les jésuites commencèrent leur premier établissement : mais ils se gardèrent bien de se produire sous le nom de *jésuites;* Buonaparte ne l'eût pas souffert; pas un évêque n'eût osé les recevoir. Ils crurent de leur prudence de se déguiser, et s'établirent sous le nom de *Pacanaristes*, de *Pères de la foi*. Il faut dire ici ce que c'était que *Pacanari*.

C'était un misérable aventurier qui de soldat s'était fait prêtre, et ensuite chef de secte. Il se donnait pour inspiré, se fit des disciples à Rome et en Toscane, parvint facilement à tromper l'archiduchesse Marianne, princesse pieuse, mais visionnaire et très-bornée : elle lui accorda long temps sa protection. Outre les établissemens d'hommes qu'il avait créés, il en forma aussi de femmes, qu'il dirigeait, et qu'il appelait *dilette*. Ces pieuses *dilette* ne tardèrent pas à porter des signes visibles du tendre amour de leur directeur. La corruption de ses mœurs, les désordres qui le suivaient partout, devinrent un sujet de scandales nombreux. Le pape fit informer contre ce nouveau chef d'ordre; et l'instruction du procès amena de si fâcheuses révélations, que le R. P. Pacanari fut condamné à une prison perpétuelle. On croit qu'étant parvenu, à l'aide des Français, à s'échapper de sa prison, il alla se noyer dans le Tibre. Tout ce qu'on a recueilli sur le Père Pacanari, donne de lui l'idée d'un hypocrite abominable. Les jésuites de Lyon se hâtèrent donc de se débaptiser, et s'en tinrent au nom de *Pères de la foi*. M. l'évêque d'Hermopolis nous les représente comme des hommes précieux pour l'éducation de la jeunesse, comme des prêtres zélés pour le maintien de la morale et de la religion. D'autres renseignemens furent portés à Buonaparte; et ce ne fut pas dans un moment de colère irréfléchie, comme le dit Son Excellence, qu'il ordonna leur dissolution. Il procéda dans cette affaire avec une circonspection remarquable; et comme, depuis l'introduction en France de ces Révérends Pères, les congrégations et les associations se multipliaient, il chargea le ministre des cultes de lui faire un rapport sur ces confréries : c'était alors le sage, le vertueux, le savant Portalis. Il recueillit, avec autant de zèle que d'impartialité et de méthode, tous les renseignemens qui pouvaient l'éclairer. Il signala les diverses congrégations qui s'étaient formées sur plusieurs points de la France : la *société du cœur de Jésus*, celle des *victimes de l'amour de Dieu*, celle des *Pères de la foi*, appelés aussi *adorateurs de Jésus, pacanaristes*.

« Cette dernière société, dit M. Portalis, « tient à des plans plus vastes que les deux « autres ; elle suit l'institut des jésuites »

Le rapporteur parle ensuite de Pacanari, tailleur de pierres, puis soldat, puis fondateur d'ordre. Il nous apprend qu'après sa condamnation sous Pie VI, il fut délivré par les Français; qu'il avait une maison à Rome. et que l'empereur d'Allemagne reçut et protégea ses disciples dans ses Etats. Il ajoute que les pacanaristes et les jésuites observaient le même institut. Puis, passant à des considérations générales :

« N'est-il pas contre l'ordre public, dit-il, « qu'il puisse se former dans un Etat des associations, des ordres sans l'autorisation de « l'Etat? Le droit d'approuver ou de rejeter « une corporation nouvelle, civile ou religieuse, n'est-il pas une conséquence nécessaire du droit essentiel qu'ont les Etats de « veiller à leur conservation? Ni le pape, ni « l'Eglise n'ont aucun pouvoir sur le temporel; l'Eglise est et subsiste dans l'Etat : c'est « donc à l'Etat qu'il appartient de recevoir, « dans sa domination, ou de refuser un ordre « ou un institut.

« Il serait inouï que l'Etat pût être contraint « à admettre des hommes qu'il ne connaît pas; « et il ne peut les connaître que lorsqu'ils présentent leur institut, leurs lois, leurs constitutions. Il est donc contre le droit des gens, « contre l'ordre public, que les constitutions « d'un ordre, de quelque autorité qu'on les « suppose émanées, ne soient pas présentées; « il est contre la raison et le bon sens qu'elles « ne soient pas publiques, notoires, suffisamment connues.

« Le droit public de France a toujours exi-

« gé, pour l'établissement des ordres religieux, « l'intervention et l'autorisation du magistrat « politique : ce principe est commun à tous les « Etats de l'Europe. »

M. Portalis examine ensuite la société *des victimes de l'amour de Dieu*, et déclare qu'elle ne vit que dans les caves, dans l'ombre des oratoires particuliers, qu'elle est fondée sur des doctrines fausses et dangereuses, qu'elle n'existe que par le fanatisme.

La *société du cœur de Jésus* ne lui paraît pas plus rassurante. « Les membres de cette « société ne professent aucune erreur connue; « ils peuvent même, dit-il, se prévaloir de « l'approbation de quelques ecclésiastiques. « mais ils admettent des secrets; ils ont an- « noncé le désir de se lier par des vœux per- « pétuels.

« Les Pères de la foi, ajoute-il, ne sont « que des jésuites déguisés; ils suivent l'ins- « titut des anciens jésuites, *ils professent les « mêmes maximes*. Leur existence est donc « incompatible avec les principes de l'Eglise « gallicane et le droit public de la nation.

« Pourquoi introduire d'ailleurs de nou- « veaux ordres religieux ou faire revivre ceux « qu'on a cru nécessaire de détruire? La plu-

« part des supérieurs ecclésiastiques se plaignent de n'avoir pas un nombre suffisant de « sujets pour le service de leurs paroisses. « Est-ce dans un tel moment qu'il serait convenable de favoriser des établissemens qui « acheveraient d'enlever à ce service tous « ceux qui ont de la piété, du zèle et des lumières? »

Après ces observations, M. Portalis proposa au premier consul de disssoudre toutes les associations dont il venait de parler; et Buonaparte, sans humeur, sans dépit, sans colère, rendit un décret qui prononçait la dissolution de l'association connue sous le nom de *Pacanaristes* ou *Pères de la foi*, et leur enjoignait de quitter leurs établissemens de Belley, d'Amiens et de diverses autres villes.

Tels sont les faits réels et positifs. Il est vrai aussi que le cardinal Fesch obtint grâce pour eux, en promettant de les surveiller; mais il les surveilla sans doute mal, puisque, peu de temps après, M. d'Hermopolis avoue que Buonaparte fut obligé de les dissoudre.

Le rapport de M. Portalis méritait d'être rappelé dans les circonstances présentes. Si l'on n'y trouve pas ce que M. d'Hermopolis appelle *une civilité ingénieuse*, on y reconnaît au moins le magistrat éclairé, le ministre fidèle et sincèrement attaché à ses devoirs. Il y pose les principes de notre droit public, il les fortifie de raisonnemens victorieux et propres à confondre la marche actuelle de nos ministres. J'y vois partout l'homme d'Etat; je vois dans M. d'Hermopolis plutôt le ministre de Rome que celui de France.

M. d'Hermopolis parle de la colère de Buonaparte, et passe officieusement sous silence les motifs sur lesquels il fonda son décret d'abolition. Il faut donc dire qu'il condamna la société des *Pères de la foi* comme dangereuse pour l'Etat, s'insinuant dans les familles riches, cherchant à s'emparer de l'éducation de leurs enfans, et au moyen de deux puissans leviers, la confession et la prédication, essayant de porter le trouble dans les consciences, et d'établir des doctrines contraires aux principes du gouvernement.

M. d'Hermopolis déclare que, placé lui-même à la tête de l'instruction publique, les jésuites ne lui inspirent aucune inquiétude. C'est assurément un grand honneur pour lui de surpasser Buonaparte en courage et en confiance.

Passons à la seconde époque de la résurrection des jésuites. La restauration de la monarchie ne pouvait être un évènement indifférent pour le clergé; c'étaient des princes religieux qui venaient occuper le trône sanctifié par les vertus de Saint-Louis. On pouvait espérer qu'ils couvriraient d'une grande protection les ministres des autels, qu'ils répareraient autant qu'ils le pourraient les maux qu'avait soufferts l'Eglise. Quelques évêques crurent trouver dans les jésuites* de puissans auxiliaires. Le pape, qui venait de les rétablir, ne pouvait manquer de voir avec satisfaction leur établissement en France. Quel appui pour le Saint-Siége! Mais les esprits n'étaient pas encore assez préparés, le pouvoir du clergé assez affermi pour les produire sous leur véritable nom. On leur conserva soigneusement celui de *Pères de la foi;* et lorsqu'il arrivait que des têtes inquiètes prononçaient le mot de *jésuites,* on les réduisait aussitôt au silence en leur demandant où étaient les jésuites? Onze ans se passèrent ainsi en préparatifs secrets, en finesses, en déceptions, en essais plus ou moins hardis, en craintes, en espérances.

* *Tantæ molis erat romanam condere gentem.*

Enfin, on découvrit comme un ingénieux expédient l'institution des petits séminaires. On ne crut pas avoir besoin d'ordonnance ou de loi pour les établir; l'autorité des évêques parut suffisante; et comme les évêques sont les maîtres de confier à qui ils veulent ces sortes d'établissemens, on les regarda comme très-autorisés à les livrer à des Pères de la foi. On vit alors Mont-Rouge se grossir, des colonies de profès en sortir, les uns pour diriger les petits séminaires, les autres pour enseigner, ceux-ci pour prêcher, ceux-là pour confesser. Afin de mieux préparer les voies, on échauffa le zèle de quelques écrivains ardens et dévoués qui jetèrent en avant le nom de *jésuites*, et les annoncèrent comme envoyés de Dieu, pour nous tirer des voies de la perdition.

M. l'abbé de La Mennais les proclama les maîtres, les dominateurs du monde, de droit divin; il déclara qu'ils étaient venus, non pour obéir, mais pour commander; non pour reconnaître les lois, mais pour en donner; il notifia à la France que les jésuites n'étaient point un ordre religieux, mais une monarchie. Quelques journaux ecclésiastiques s'évertuèrent dans le même genre, des feuilles périodiques s'associèrent à cette sainte ligue, enfin le nom de *jésuites* retentit avec éclat dans les mandemens de M. l'évêque de Meaux, de M. l'évêque de Strasbourg, de M. l'archevêque de Besançon et de plusieurs autres. M. l'archevêque de Paris lui-même n'osa pas lutter contre cette nouvelle puissance. Mont-Rouge s'établit, se fortifia, s'étendit sans obstacle de sa part. Le portrait même de saint Ignace décora un de ses sallons. Tout fut conduit par une puissance invisible, et probablement d'une haute considération, puisqu'il n'est pas de genou qui ne fléchisse devant elle. Bientôt les jésuites eux-mêmes avouèrent leur existence, se montrèrent en public, et bravèrent tous les cris qui s'élevèrent contre eux. Leur général signa des lettres devenues publiques. Ils achetèrent des terrains, ils convoitèrent les testamens, et reçurent furtivement des donations, non comme prêtres individuels, mais comme jésuites, comme corporation, en se rappelant néanmoins le mot de l'Evangile : *Prudentes sicut serpentes.*

Il ne manquait plus qu'une déclaration officielle du ministre des affaires ecclésiastiques; ce ministre avait trop d'urbanité pour la refuser, et trop d'esprit pour ne pas la couvrir du voile d'une simple et candide explication.

Cette officieuse démarche a été couronnée à la Chambre des députés du plus heureux succès; et s'il ne survient pas quelqu'orage imprévu, nous pouvons regarder les jésuites comme officiellement rétablis en France, notre droit public comme aboli, notre Eglise gallicane comme perdue, les évêques comme nos maîtres, tant au temporel qu'au spirituel.

Mais la Chambre des pairs n'a point eu part à la communication de M. d'Hermopolis, la magistrature y est restée étrangère. Qu'arriverait-il, si la Chambre des pairs demandait aux ministres des explications sur ces usurpations de la puissance spirituelle? si, dans le cas où quelques différends amèneraient les jésuites devant les tribunaux, les magistrats continuaient de déclarer qu'ils ne reconnaissent point de jésuites? Le R. P. Lamy viendrait-il les traiter d'*iroquois* et de *hurons* (1)?

Dans un court espace de temps, les jésuites, au mépris des lois, sans autorisation, sans autre appui que celui de quelques évêques, sans autres secours que la bienveillance du grand-maître, sont arrivés à un degré de splendeur qu'on aurait eu peine à espérer.

---

(1) *Voyez* la note à la fin.

Mais à quelle hauteur ne s'éleveront-ils pas maintenant que leur existence est avouée publiquement, proclamée par un ministre du roi, non pour s'en plaindre, mais pour l'excuser, en attendant peut-être qu'il s'en félicite?

M. d'Hermopolis a été vivement applaudi dans la Chambre des députés, caressé par les membres de la congrégation qui occupent les trois bancs dont on a déjà parlé : mais a-t-il, en réduisant à sept le nombre des établissemens tenus par les jésuites, dissipé toutes les inquiétudes, satisfait la curiosité de ses lecteurs, et surtout répondu au reproche qu'on est autorisé à faire au ministère tout entier?

Pour nous rassurer sur l'avenir, il nous dit : Un peu de patience, messieurs, reposez-vous sur moi. Il existe maintenant autant de petits séminaires que les évêques peuvent en désirer ; il ne s'en. établira désormais aucun sans moi. Eh bien! soyez sûrs que je saurai toujours, sans faiblesse comme sans injustice, me prêter à ce qui sera bien, comme aussi me refuser à ce qui ne me paraîtra pas utile. Mais s'il arrivait que les cent petits seminaires fussent, avec l'autorité des évêques, envahis par les jésuites, que chaque petit séminaire eût seulement six professeurs et un recteur, nous aurions donc déjà, de bon compte, sept cents jésuites; et si l'on ajoute que presque toutes les communautés de femmes sont dirigées par des jésuites, cela sera-t-il bien rassurant pour ceux qui ont peur des jésuites?

Monseigneur saura, sans faiblesse, se refuser à tout ce qui ne paraîtra pas utile; mais il a déjà eu la faiblesse de laisser envahir sept petits séminaires, de laisser pénétrer dans ces maisons des écrits où l'on prêche l'ultramontanisme; pouvons-nous espérer qu'une première faiblesse n'en amènera pas d'autres? Il m'importe peu, quant à moi, jeune septuagénaire, que l'éducation soit entre les mains des jésuites ou dans celles des professeurs de l'Université. Cette Université, création de Buonaparte, ne m'inspire pas le même intérêt que *l'Alma universitas*, fille de nos rois, qui, pendant près de sept cents ans, a répandu tant de lumières et d'éclat; mais telle qu'elle est, je serais fâché de la voir périr dans des mains étrangères; et quel que soit le mérite dont quelques honnêtes gens se plaisent à investir les jésuites, je doute que leurs colléges possèdent un seul professeur comparable à M. Villemain, et à tant d'autres qui honorent les académies dont se compose la ci-devant Université impériale.

M. d'Hermopolis, pour calmer toutes nos inquiétudes, nous promet la Sorbonne : mais quand existera-t-elle ? quelles seront ses Constitutions ? quels maîtres en rempliront les chaires ? M. d'Hermopolis nous prévient qu'il faut le concert de deux autorités, une maison, des revenus, des bourses, etc. Tout cela sera long; les jésuites vont plus vîte; et s'il était question de leur confier cette nouvelle institution, on la verrait bientôt sortir toute armée de Mont-Rouge, comme Minerve de la tête de Jupiter.

M. d'Hermopolis nous assure qu'on enseignera dans cette grande et nouvelle école, qu'il se garde bien d'appeler *la Sorbonne*, et pour cause, qu'on y enseignera non seulement la théologie, mais les sciences profanes, la physique, les mathématiques, etc., c'est-à-dire qu'on y réunirait probablement le collége de France. Cela est bien vu, bien imaginé, d'une heureuse prévoyance. Nos sages maîtres de Sorbonne et de Navarre n'avaient pas eu cette heureuse idée. Mais nous vivons dans un siècle où tout se perfectionne; et si l'on ajoute à cela un tribunal composé d'ecclésiastiques et de magistrats devant lequel certaines causes mixtes seraient portées ; si l'on y joint les assemblées du clergé, les synodes et les conciles, ainsi que M. d'Hermopolis paraît le désirer, le clergé aura dans ces vastes champs de glorieuses et fertiles moissons à recueillir.

Son Excellence déclare, à la vérité, avec une touchante candeur, que ce sont là des idées générales et vagues plutôt que des projets, mais qu'elle a cru devoir les présenter brièvement, *comme devant servir de base* à un ordre de choses long-temps désiré, et qui assurerait, *pour le bien des peuples*, l'accord parfait du sacerdoce et de l'empire.

Ainsi, les colléges transformés en petits séminaires, une nouvelle école normale fondée à Bordeaux, sous le nom d'*Association de Marie*, pour fournir de professeurs les colléges et les pensionnats (car cet établissement vient d'être créé par une ordonnance du 25 octobre 1825, non insérée au *Bulletin des lois*), les congrégations de Paris, de Lyon, de Strasbourg et de toutes les autres villes de France, l'institution de Saint-Joseph, et autres du même genre, et surtout les jésuites, peut-être encore la censure, voilà ce que médite M. d'Hermopolis pour le bonheur des peuples, et sans autre intérêt que de coopérer à leur félicité. Que peut-on refuser à des vues si nobles et si généreuses!

Et le peuple, que La Fontaine a baptisé du nom de *grue*, ce peuple grue a le mauvais esprit de ne pas sentir le bien qu'on lui veut; il s'agite, il se livre à l'anxiété, et se laisse travailler par je ne sais quelle maladie indéfinissable. Cependant M. d'Hermopolis espère que son discours, répandu avec libéralité, deviendra une espèce de baume qui portera dans les veines de ce peuple idiot le repos, la santé et la vie. Monseigneur se plaint du peu de respect que l'on témoigne pour le clergé : il se plaint des déclamations qu'on se permet contre les prêtres, et rappelle que la terrible, sanglante et fatale révolution, qui a laissé après elle tant de cruels souvenirs, et qui fait encore aujourd'hui verser tant de larmes, a commencé de cette manière. Néanmoins il ne veut pas se livrer à de funestes pressentimens; il observe seulement qu'on doit être en garde contre tout ce qui peut affaiblir le respect des peuples pour le sacerdoce; que, si l'on dépouille le clergé de la considération qui lui est nécessaire, la religion elle-même en souffrira; car, ajoute Son Excellence, *il n'est pas plus possible d'avoir une religion sans sacerdoce, qu'une justice sans magistrats;*..... paroles pleines de justesse et de vérité, et qui ont été, avec raison, couvertes d'applaudissemens.

Ici finit le second discours de M. l'évêque d'Hermopolis. Le troisième ne contient que des explications sur quelques points renfermés dans les deux premiers. M. d'Hermopolis déclare qu'il n'a aucune connaissance de la congrégation politique, mais que celle dont il a parlé lui paraît à l'abri de toute espèce de reproches. Il distingue deux sortes de missions, les unes diocésaines, les autres extraordinaires, et qui embrassent toute la France. Sa Grandeur connaît la première maison des missionnaires de France; on s'imagine qu'elle se compose de têtes faciles à enflammer. M. d'Hermopolis assure que la plupart de ses membres ont passé l'âge de soixante ans, et qu'on peut tout attendre de leur sagesse. Les lois sur les petits séminaires ont été réformées: ils étaient autrefois sous l'inspection de l'Université; ils sont aujourd'hui sous celle des évêques, qui ont le droit de les établir et de les surveiller. Restent les jésuites: M. d'Hermopolis déclare qu'on doit les considérer comme des hommes qui ne *méritaient nullement d'être chassés de France;* il avoue qu'il faudrait une loi, s'il était question de reconnaître leur existence civile. « Mais, dit-il, les Chambres n'ont « point *encore* à délibérer s'il faut admettre ou « rejeter cette société. » Ces explications réitérées lui semblent de nature à répondre à tout, à calmer toutes les inquiétudes.

Mais les espérances de M. l'évêque d'Hermopolis ont été trompées. Depuis son discours, *l'agitation* est devenue plus grande; *la maladie indéfinissable* s'est accrue. Ce mot *encore,* d'une si grande retenue en apparence, a effarouché les esprits; on s'est figuré, mal à propos sans doute, voir, à la prochaine session, M. d'Hermopolis monter à la tribune, escorté de jésuites, et dire à l'assemblée :

« Je vous annonçais, l'année dernière, que le « jour n'était point *encore* venu où nous au- « rions à délibérer sur l'admission des jésuites : « ce jour heureux est enfin arrivé. Voyez cette « suite d'hommes pieux, savans, et dévoués à « la religion catholique, qui m'ont accompa- « gné jusqu'ici; ils viennent vous dire : Un « grand acte d'injustice nous a bannis autre- « fois de cette terre que nous avions illustrée « par notre savoir et nos vertus. Que ce jour « soit marqué dans les annales de la justice

« par une solennelle réparation! Quel ordre « religieux a rendu autant de services que « nous à la société, au trône, à la religion, « aux sciences et aux lettres? Faut-il évoquer « ici les ombres des Bourdaloue, des Chemi- « nais, des Neuville, des Sirmond, des Labbe, « des Petau, des Jouvency, des Porée, des « Vanière, des Rapin, des Bougeaut, des « Daniel, des Griffet, des Dorléans, et de « tant d'autres qui ont été la lumière et l'orne- « ment de la France; qui lui ont donné pen- « dant trois siècles des sujets pieux, soumis et « éclairés? Des sophistes et des impies nous « ont proscrits; que les sages de la nation pro- « noncent aujourd'hui notre rappel!

« Messieurs, je vous ai dit, l'année der- « nière, que cette savante et vertueuse com- « pagnie *n'avait jamais mérité d'être chas- « sée;* ces paroles étaient l'expression de la « plus entière conviction. Aujourd'hui, c'est « au nom de l'autel, au nom du trône, au « nom de vos propres enfans que je vous les « répète; vous ne pouvez vous refuser à de si « chers intérêts. Je vous propose donc de dé- « libérer que la société des jésuites, injuste- « ment chassée de France sous Louis XV, est « aujourd'hui rétablie dans tous ses droits. Ne

« refusez pas à la tendre génération qui s'élève « une éducation que nos institutions actuelles « ne sauraient lui donner. »

Voilà ce que la France toute entière, cédant trop facilement à son imagination, se représente; voilà ce qui entretient ses inquiétudes. En vain M. d'Hermopolis nous dira-t-il que c'est s'alarmer sur de bien faibles motifs; on lui dira : Ces motifs sont plus puissans que vous ne pensez; malheur à vous, monseigneur, si votre prudence s'endort, si vous ne voyez pas les maux qui peuvent résulter de votre amour pour les jésuites, et de leur rétablissement dans votre pays! *Ils n'ont jamais mérité d'être chassés,* dites-vous? Ainsi vous flétrissez d'un mot et les jugemens des rois, et les actes de la magistrature, et l'opinion des citoyens éclairés, qui ont regardé leur renvoi comme un bienfait pour les peuples. N'est-ce donc qu'en France qu'ils ont été proscrits? Ouvrez l'histoire depuis l'époque de leur institution, vous les verrez flétris de peines capitales ou de sentences de bannissement sur toute la surface du monde civilisé.

En 1547, Bobadilla, l'un des compagnons de saint Ignace, est chassé d'Allemagne pour avoir excité le trouble par ses écrits.

En 1578, ce qu'il y a de jésuites à Anvers est banni pour s'être refusé à la pacification de Gand.

En 1581, Campion Skervin et Briant sont mis à mort pour avoir conspiré contre la reine Élisabeth d'Angleterre. Dans le cours du règne de cette princesse, cinq conspirations sont tramées contre sa vie par des jésuites.

En 1597, les congrégations de *Auxiliis* se tiennent à Rome à l'occasion de leurs doctrines sur la grâce, et le pape lui-même leur dit: *Vous êtes des brouillons; c'est vous qui troublez toute l'Eglise.*

En 1598, ils font communier un scélérat, lui mettent le couteau à la main, l'envoient poignarder Maurice de Nassau, et se font chasser de Hollande.

En 1604, le cardinal Frédéric Borromée les chasse du collége de Breda pour des crimes qui s'expiaient autrefois sur le bûcher.

En 1605, on punit du dernier supplice, en Angleterre, les jésuites Oldecorn et Garnet, comme auteurs de la conspiration des poudres.

En 1606, Venise les expulse de son territoire.

En 1618, ils sont chassés de la Bohême,

comme perturbateurs du repos public, soulevant les sujets contre les magistrats, infectant les peuples de la doctrine de la puissance universelle et suprême du pape, et semant, par toutes sortes de voies, la discorde dans tous les Etats.

En 1619, ils sont bannis de Moravie.

En 1643, Malte les rejette loin d'elle.

En 1723, Pierre-le-Grand ne trouve de sûreté pour lui qu'en les bannissant de ses Etats.

En 1731, le jésuite Girard remplit la France entière de scandale par son procès avec Lacadière, et n'échappe à un jugement mérité que par l'autorité et l'argent.

En 1755, les jésuites du Paraguai arment les habitans, et les conduisent en bataille rangée contre leur souverain.

En 1757, un monstre attente aux jours de Louis XV, et cette même année, les jésuites font réimprimer l'abominable livre du jésuite Busenbaum, qui apprend à tuer les rois; et l'exemplaire dénoncé au parlement de Toulouse vient du séminaire d'Alby, où les jésuites faisaient étudier aux séminaristes cet indigne ouvrage, pour les former à la morale.

En 1758, le roi de Portugal est assassiné à

la suite d'un complot formé et conduit par les jésuites Malagrida, Mathos et Alexandre. L'année suivante, la compagnie entière est chassée de Portugal.

Elle est chassée enfin successivement de France, d'Espagne, de Naples, enfin abolie par le pape Clément XIV. Après son rétablissement, sous Pie VII, elle est chassée de nouveau de Bavière, de Russie, de Prusse, etc.

M. d'Hermopolis mettra-t-il son jugement au-dessus de tant d'arrêts émanés de puissances toutes séparées d'intérêts, de mœurs, de lois et de coutumes? et lorsque cent ouvrages divers sortis de la main des jésuites ont été livrés aux flammes par sentence de tant de tribunaux, Son Excellence nous engagera-t-elle à remettre nos enfans entre les mains de ces sages maîtres, pour leur procurer une éducation que nos institutions actuelles ne sauraient leur donner? Dira-t-elle que c'est la philosophie ou l'impiété qui ont proscrit les jésuites à Venise, en Hollande, en Bohême, en Portugal, à Naples, en Espagne, en Bavière, en Russie?

Voilà ce que le cri public a déjà répondu ou répondra certainement au discours de M. le *ministre de l'instruction publique;* car remarquez bien que le titre de *grand-maître* de l'Université a déjà disparu.

Quant à moi, me plaçant hors des passions, hors des préjugés, hors de l'esprit de parti, dévoué sans réserve au bonheur de mon pays, à la gloire et à la conservation de la monarchie; effrayé de la triste situation où tant d'impéritie a depuis deux ans plongé la France; effrayé de l'exaspération des esprits, de l'invincible aversion des Français pour un ordre si malheureusement célèbre; convaincu que les inquiétudes publiques ne sont pas sans fondement, j'acquitterai aujourd'hui ma dette envers le Prince, envers la patrie, et je l'acquitterai avec courage, comme je l'ai fait en 1815, au 20 mars, et dans toutes les circonstances où j'ai cru, comme chrétien, comme Français, comme royaliste, payer mon faible tribut à mon Prince et à mon pays. Je ne suis qu'un citoyen sans autorité, sans nom, je le sais. Mon tribut est le denier de la veuve; mais de grosses sommes peuvent se composer de deniers : MM. les ministres le savent aussi bien que moi. Je prendrai donc la liberté de leur dire :

Quel intérêt si grand vous inspire donc la

cause des jésuites pour la préférer à la paix de l'Etat? Des cris d'effroi s'élèvent de tous les points de la France, vous enveloppent de toutes parts, et vous marchez d'un front assuré au milieu de ce tumulte! Vous flattez-vous donc de l'apaiser par l'ascendant de vos œuvres depuis les quatre années que vous administrez la France? Vous avez tout ébranlé, les colonnes du temple, la fortune publique, les lois, et ce pacte constitutionnel ouvrage de la sagesse et de la prévoyance de Louis XVIII. Vous avez tout fait pour vous, rien pour votre pays. Vos actes sont empreints d'un esprit de cabale qui soulève contre vous tout Français animé de l'esprit national. Vous cachez habituellement vos voies, vous marchez dans les ténèbres, vous entourez vos projets de mystère, vous amassez les ténèbres sur notre avenir; et lorsque, contraints par la force des choses, vous soulevez à regret un coin du voile dont vous couvrez vos œuvres, on n'y entrevoit que des desseins effrayans. Le peuple vous demande des institutions, et vous lui proposez les droits de primogéniture; une instruction appropriée aux lumières et aux mœurs des nations, et vous lui montrez des jésuites.

Des jésuites! Je ne suis animé contre eux d'aucun sentiment de haine, d'aucune prévention; mais ne savez-vous pas qu'une aversion invincible et générale les repousse du sol de la France?

Des jésuites! Mais à l'aspect d'un jésuite, le sage pasteur de nos églises recule; le calviniste, le luthérien, l'israélite frémissent; le citoyen à qui son père ou son aïeul a transmis quelque portion de bien ecclésiastique, ne voit dans un jésuite qu'un ravisseur; la bulle *Unigenitus*, avec toutes ses malheureuses conséquences, se présente au janséniste effarouché; l'homme religieux même rêve les billets de confession, le despotisme monacal, l'intolérance armée de toutes ses rigueurs, et jusqu'à l'inquisition.

Oui, si le jésuite parvient à s'établir en France, il régnera à la cour, il régnera dans les salons des grands, il régnera dans nos écoles publiques; il voudra régner dans les familles et sur la masse entière de la nation, et la masse entière de la nation le repoussera. Déjà le fanatisme religieux allume ses torches dans quelques-unes de nos provinces; un zèle aveugle arme le catholique contre le protestant; la paix s'exile des lieux où elle régnait précédemment ; les esprits s'aigrissent, les passions s'échauffent. Qu'arrivera-t-il quand les jésuites viendront mêler leur influence à tant d'élémens de discorde ? Des tumultes s'éleveront, des esprits pervers les fomenteront, les partis se choqueront, la force interviendra, le sang coulera, le sang des citoyens français ! et il coulera pour des jésuites, la plupart étrangers à la France ! De quel immense intérêt sont donc ces jésuites pour les acheter à tel prix ? quels besoins extraordinaires avons-nous de leurs services ? sommes-nous donc sur une terre barbare et sauvage ? les ténèbres de l'ignorance couvrent-elles le beau ciel de notre patrie ? nos temples sont-ils sans pasteurs ? nos chaires évangéliques sans orateurs, nos enfans sans instituteurs ? les jésuites, plus que d'autres, ont-ils allumé aux feux du ciel le flambeau de la science ? ont-ils reçu de lui, plus que d'autres, le don d'éclairer les esprits, d'anoblir les cœurs, de féconder le génie ? Tant de grands hommes qui ont illustré notre heureuse patrie depuis la renaissance des lettres, les de Thou, les Malherbe, les Descartes, les Corneille, les La Fontaine, les Boileau, les Racine, les Molière, les Pascal, les Bossuet, les Fénélon, les Fléchier, les Huet, les Mallebranche, les Mabillon, les Nicole, les Massillon, les Montesquieu, les Labruyère, etc., étaient-ils sortis de l'école des jésuites? Etait-ce sur les bancs des jésuites que les Condé, les Turenne, les Villars avaient appris l'art de remporter d'immortelles victoires? Sont-ils aujourd'hui des barbares, ces jeunes élèves de l'Université de France, dont la muse féconde et brillante enrichit notre Parnasse, dont l'éloquence charme le barreau, dont le savoir porte la lumière dans nos académies? Les Cuvier, les Biot, les Thenard, les Raynouard, les Chateaubriand, et tant d'autres l'honneur et la gloire de notre Institut, ont-ils eu pour maîtres des jésuites? Est-ce aux jésuites que cet épiscopat français, si justement célébré par M. d'Hermopolis, doit son savoir, sa religion et ses vertus? Est-ce aux jésuites enfin que M. d'Hermopolis lui-même est redevable de ce doux parler qui a fait pénétrer ses paroles et ses leçons dans le cœur des jeunes Français, de cette science de la religion qui l'a recommandé auprès des rois, et lui a si rapidement ouvert la route glorieuse de la fortune et des honneurs?

La France n'a donc pas besoin de jésuites?

Ah! monseigneur, au nom de la religion, au nom du trône, au nom de la patrie qui vous en conjure, ne troublez pas l'Etat pour des jésuites ! Craignez d'engager pour eux, avec un peuple qui les réprouve, une lutte inégale et terrible; que le sang de vos concitoyens vous soit cher, que l'abîme des révolutions, prêt à s'ouvrir, jette en votre âme de salutaires terreurs! Déja des signes précurseurs de l'orage se manifestent : à l'aspect des ministres de la religion, les passions s'enflamment, le feu de la colère saisit les esprits; ils croient apercevoir des jésuites. Naguère ces ministres du sanctuaire étaient honorés, révérés; jamais aucun d'eux n'avait été l'objet du moindre outrage. La paix était dans l'Eglise et sous le gouvernement de Buonaparte et sous les premières années de la restauration : quelle cause a donc amené un si funeste changement? On en accuse l'esprit de révolution, qui médite de nouvelles fureurs. Mais les riches, mais les grands ne sont point outragés, on n'entend point leurs noms prononcés, comme en 1789, dans les plaintes du peuple. Non, monseigneur, non, le peuple français ne veut point de révolution, il a les révolutions en horreur; et s'il s'inquiète, s'il s'agite, si quelque violence se manifeste dans les dernières classes qui le composent, c'est qu'il aperçoit de loin une nouvelle révolution, non pas une révolution telle que celle qu'il a vue, mais une révolution qui tend à lui arracher les lois et les droits constitutionnels sous la protection desquels il se plaît à vivre; c'est qu'il chérit la liberté de conscience, et qu'il se persuade qu'on veut la lui ravir; c'est qu'il regarde la Charte comme le palladium de ses libertés, et qu'il s'effraie des atteintes qu'un gouvernement imprudent semble lui porter tous les jours. Cette Charte, monseigneur, il la défendra. Des hommes qui ne sont point animés des mêmes vues, des mêmes sentimens que nous, échaufferont son courroux, amasseront les matériaux d'un vaste incendie, et le gouffre des révolutions, béant de nouveau, demandera sa proie.

Monseigneur, vous êtes un ministre de paix, la douceur et la bonté respirent dans votre cœur comme dans vos paroles; conjurez les ministres vos collègues (s'il est vrai qu'ils aient conçu le projet que l'effroi public leur attribue), conjurez-les de renoncer à de funestes idées, dont les suites pourraient engloutir et le trône, et l'autel, et les missionnaires, et les jésuites.

Dans les premiers mois de la restauration, lorsque les ennemis du trône rassemblaient les élémens d'un grand orage qui éclata au 20 mars 1815, je disais à ceux qui gouvernaient alors : Gardez-vous d'irriter les passions qu'il vous est si facile de calmer; ménagez les intérêts lésés; n'engagez pas avec eux une lutte périlleuse; un court trajet sépare l'île d'Elbe de nos bords; craignez qu'il n'en sorte des tempêtes. Je n'étais que l'organe de l'opinion des royalistes éclairés et prévoyans; mais je parus un censeur incommode, un moniteur importun. On s'offensa de mes tristes pressentimens; on essaya de briser ma plume. Enfin le 7 mars, qui débarqua l'ennemi à Fréjus, jeta la terreur parmi ces hommes si confians, et ma plume s'anima d'un nouveau zèle. Peut-être a-t-on conservé le souvenir de quelques écrits qui me valurent alors les suffrages et l'estime des royalistes. Onze ans se sont écoulés depuis cette époque; et l'on ne craint pas aujourd'hui, comme alors, d'irriter les passions, de susciter les tempêtes; aujourd'hui, comme alors, je paraîtrai un censeur incommode, un moniteur importun (1). Hélas!

(1) Nul doute que cet opuscule ne devienne pour moi

depuis ce temps, les années se sont accumulées sur ma tête; j'aperçois du haut de sa montagne l'ombre d'un puissant jésuite m'appeler vers son séjour; un peu de terre couvrira bientôt la main qui trace ce faible écrit. Puissé-je, avant l'heure fatale marquée par le Ciel, voir mon pays heureux, la religion affermie, la paix assise auprès de l'autel, le trône des lis fondé sur les bases impérissables de la sagesse, de la prévoyance et de la modération! Alors, je dirai de bonne grâce: *Nunc dimittis servum tuum, Domine.*

---

un sujet de réprobation auprès de beaucoup de personnes; mais je n'aurai pas à craindre du moins qu'on m'enlève mes pensions, comme à M. de Montlozier : il y a deux ans que la bienveillance de M. le comte Corbière m'a mis à l'abri de toute appréhension de ce genre.

FIN.

## NOTE SUR LE PÈRE LAMY.

Le Père Lamy est un jésuite de Lyon, qui, le 20 mai dernier, jour où M. d'Hermopolis prononçait son premier discours à la Chambre des députés, a fait insérer dans *le Drapeau blanc* une lettre assez curieuse sur les jésuites en général, et sur lui en particulier.

Le Père Lamy est né à Marseille. Après y avoir fait ses premières études, il est allé faire sa théologie à Rome, attendu que la théologie de France ne vaut rien : c'était au commencement de la restauration. Après sa théologie, il se fit jésuite; après être devenu jésuite, il partit pour aller prêcher dans les solitudes et les forêts de la Louisiane, où il ne trouva personne qui troublât, dit-il, sa tranquillité. Rappelé par ses supérieurs, il revint avec beaucoup de plaisir de la Louisiane en France. Il comptait trouver un peuple doux et poli, mais il n'y trouva qu'une nation sauvage, plus barbare que les *Hurons* et les *Illinois*. Cela ne l'empêche point d'entrer dans la maison des jésuites de Lyon, parce que le Père Lamy a toujours eu un penchant particulier pour prendre soin des petits garçons, et les enseigner.

Il enseignait depuis quelque temps, lorsque, vers le milieu du mois dernier, il fut apostrophé et hué par des polissons, qui l'appelèrent *jésuite*.

Le Père Lamy demande s'il devait s'attendre à ce traitement, et s'il vit parmi des hommes civilisés ou des antropophages. Il avoue qu'il est jésuite, il s'en glorifie même, et commence fièrement sa lettre par ces mots : « Je suis *Français, prêtre et jésuite ;* mais un jésuite, dit-il, n'est-il pas un homme comme un autre? » et à ce propos, il examine l'état passé et l'état présent de notre législation.

Un de ses amis lui ayant prêté quelques feuilles politiques, car on présume bien que le Père Lamy n'en lit aucune, il y apprit, à son grand étonnement, qu'en vertu d'un certain arrêt rendu il y a soixante ans, il devait se regarder comme banni du royaume. Ce bon Père Lamy ne savait rien de tout cela. Il eut alors une peur extrême qu'on ne vînt le prendre avec des gendarmes pour le reconduire, de brigade en brigade, jusqu'à la frontière, comme un malfaiteur. Mais les *Hurons* et les *Illinois* de Lyon ne lui firent pas cette injure : auraient-ils le droit de la lui faire? Le Père Lamy déclare nettement que non, et voici ses raisons :

La révolution a supprimé tous les ordres religieux : les jésuites sont donc supprimés comme les autres. Mais elle n'a pas interdit le sol français aux individus membres de ces ordres : un jésuite peut donc y résider comme un carme ou un capucin ; les droits de l'homme sont pour tout le monde ; et comme c'est sur les droits de l'homme que doit se fonder aujourd'hui notre droit public, il s'ensuit que les arrêts du Parlement qui bannissent les jésuites sont révoqués implicitement. D'ailleurs, la Charte, en proclamant la liberté des cultes, la liberté individuelle, le jury, l'abolition des confiscations, a évidemment frappé de réprobation l'ancienne jurisprudence française. Un jésuite, tout jésuite qu'il est, restant toujours jésuite, peut donc résider en France, s'y livrer à l'enseignement, s'il est appelé et autorisé par les évêques ; personne n'a rien à lui dire.

Le Père Lamy confirme ce raisonnement par un exemple : il demande quel serait, suivant nos nouvelles lois, le sort des talapoins, des brachmanes, des imans, des bonzes, des fakirs, des derviches, des frères moraves ou des quakers, s'ils venaient en France. Le Père Lamy rougit d'une pareille discussion; mais enfin, comme, en vivant parmi les sauvages, il s'est accoutumé à parler leurs dialectes, il veut bien aussi, pour arriver à l'intelligence des sauvages de France, parler leur langage. Ces talapoins, ces brachmanes, ces faquirs, ces derviches seraient libres, bien accueillis partout, pourraient rester derviches, talapoins, brachmanes sans aucun danger pour eux; on leur permettrait de se livrer à huis clos à leurs superstitions, à leurs pratiques : un faquir pourrait se flageller, s'enfoncer des clous dans le derrière sans que personne y trouvât à redire. On leur permettrait de prêcher dans des temples, s'il en existait en France, et d'enseigner à la jeunesse leurs cultes respectifs, s'il y avait des écoles. Les jésuites sont-ils au-dessous des talapoins, des derviches et des faquirs? n'ont-ils pas, comme prêtres catholiques, des temples en France? ne peuvent-ils pas enseigner de petits catholiques, si les évêques le leur permettent? Les polissons de Lyon ont donc eu tort d'insulter le Père Lamy, de le huer, et de l'appeler *jésuite*, comme si *jésuite* était une injure!

*Le Drapeau blanc* trouve que ce bon Père raisonne fort bien; d'autres trouveront peut-être qu'il raisonne fort mal. Ils diront :

Le Père Lamy ne peut pas comparer l'ordre dont il est membre avec les autres ordres religieux supprimés par les décrets de l'Assemblée constituante. Cette assemblée, en supprimant les bénédictins, les bernardins, les franciscains, ne leur a adressé aucun reproche, ne les a flétris d'aucune tache, ne les a pas bannis du territoire de France pour des crimes et des doctrines inconciliables avec le repos des États ; elle n'a exercé sur eux qu'un droit politique : loin de les flétrir, loin de les chasser, elle les a pensionnés. Les individus libres ont pris l'habit séculier ; ils sont devenus curés, vicaires, prédicateurs, confesseurs, professeurs : tous se sont recommandés par la régularité de leurs mœurs, la fidélité à leur pays, la soumission aux lois. A cette époque, la compagnie de Jésus n'existait plus ; et si elle eût existé, elle eût été, comme auparavant, sous le poids des jugemens qui l'avaient bannie.

Les bénédictins, les génovéfains, les bernardins, les récollets n'ont pas dit : *Malgré vos décrets, nous sommes toujours bénédictins, génovéfains, bernardins, récollets.* Ils n'ont pas formé de réunion aux plaines de Mont-Rouge ; ils ne se sont pas produits publiquement avec leur costume, ils ne se sont pas introduits dans les maisons d'éducation pour y professer, non comme individus, mais comme bénédictins ou bernardins ; ils n'ont pas salarié des écrivains pour insulter à la magistrature et aux lois. Tous ont vécu excellens citoyens, et jamais polisson de Lyon ne s'est avisé de leur faire la moindre insulte.

La logique du Père Lamy est tout à fait sophistique ; il fait trop beau jeu aux Hurons et aux Illinois de Paris. Il demande ce que l'on ferait aux talapoins, aux brachmanes, aux derviches, aux quakers, aux frères moraves, s'ils venaient en France. Voici ce que ma *huronie* lui répond : S'il arrivait en France un brachmane, un talapoin un fakir, muni de papiers en règle, on le laisserait librement promener, pour amuser la curiosité des badauds de la capitale, comme on laisse promener librement un Turc, un Arménien, un pope grec, un religieux du mont Athos.

Mais si, par un arrêt des parlemens, un édit du roi, ces popes, ces Pères du mont Athos, ces Arméniens, eussent été bannis de France à jamais, et si, rentrés en fraude, ils se formaient en secte ; s'ils avaient des maisons professes, des chefs-lieux d'ordre ; si quelque talapoin venait endoctriner nos jeunes filles dans les congrégations, et nos enfans dans les colléges, le magistrat interviendrait, prierait civilement lesdits talapoins et derviches de vider les lieux, et manderait à tout huissier, tout agent de la force publique, de faire exécuter ses arrêts.

— Père Lamy, pourquoi courez-vous dans les rues avec votre bonnet à trois cornes? pourquoi écrivez-vous à votre ami *le Drapeau blanc* en faveur des jésuites, le jour même où Son Excellence le ministre des affaires ecclésiastiques vient avouer et excuser votre existence?

— Père Lamy, pour un jésuite, vous n'êtes pas adroit.



FIN DE LA NOTE.

www.ingramcontent.com/pod-product-compliance
Ingram Content Group UK Ltd.
Pitfield, Milton Keynes, MK11 3LW, UK
UKHW021046230726
13926UKWH00004B/1674

9 782016 171363